웹툰 작가 마스터플랜

웹툰 작가 마스터플랜

초판 1쇄 발행 2023년 9월 15일

지은이	theD마스터플랜연구소(고영리)
발행인	조상현
마케팅	조정빈
편집인	김유진
디자인	김희진

펴낸곳	더디퍼런스
등록번호	제2018-000177호
주소	경기도 고양시 덕양구 큰골길 33-170
문의	02-712-7927
팩스	02-6974-1237
이메일	thedibooks@naver.com
홈페이지	www.thedifference.co.kr

ISBN   979-11-61254-19-7 03370

더스 | 더디 | 더디퍼런스 | 마이북

웹툰 작가
마스터플랜

theD마스터플랜연구소 지음

더디퍼런스

웹툰 작가, 지금 당장 될 수 있다!

웹툰 작가는 현재 가장 뜨거운 직업군 중 하나이다. 그리고 웹툰을 유통하는 매체가 점점 더 다양해짐에 따라 그 범위가 더 폭넓게 펼쳐질 직업 중 하나이기도 하다.

웹툰은 문화 콘텐츠의 한 장르이다. 단순 일러스트와 출판 만화에서 시작했지만, 현재는 인터넷의 발달과 더불어 다양한 형태로 발전을 거듭하는 중이다. 본래 인쇄를 중심으로 한 출판 만화에서 시작한 만화 시장은 이를 스캔하거나 파일화해 제공하는 디지털 만화로, 거기서 다시 웹툰으로 변화되었다.

이 과정에서 그림체가 중요하고 작가의 역량이 더 강조되었던 과거의 만화 시장은 현재의 일상을 담담하게 전달하는 생활툰이나 재기 발랄한 아이디어와 시각을 중요하게 생각하는 영역으로 확장되었다. 전문가의 영역보다 자유로운 창의성, 창작자의 영역으로 그 범위가 넓어졌다.

그 덕분에 그림을 잘 그리고 구도에 익숙한 전문 작가뿐 아니라 자신의 생각을 특정 이미지에 담아낼 능력을 가진 사람이라면 누구나 웹툰 작가로 도전할 수 있는 길이 열렸다.

특히 웹툰 작가는 정해진 진로의 순서가 없다. 진로의 순서가 없다는 말은 그만큼 시도할 방법이 다양하다는 뜻이다. 의사가 되려면 의대에 가야 하고 비행기 조종사가 되려면 항공 운항을 배워야 하고, 판사나 변호사, 검사가 되려면 로스쿨에 가야 하지만 웹툰 작가는 '누구나', 다양한 방법으로 될 수 있다.

지금 활발하게 활동하고 있는 웹툰 작가 중에서는 자신의 본업을 따로 가진 채 그 직업에서 얻는 여러 가지 에피소드를 웹툰으로 풀어내는 작가도 있고, 웹소설 등 다른 분야를 병행하는 작가도 있다. 연령대도 학생에서부터 중장년층까지 다양하다. 즉 웹툰 작가 자체로도 충분히 훌륭한 직업이지만, N잡러●가 점점 대세가 되어가는 요즈음, 두 번

●　다양한 직업을 함께 수행하는 사람을 지칭하는 신조어

째 직업으로도 충분히 고려할 만하다. 더군다나 웹툰 작가가 되기 위해서는 많은 장비가 필요하지 않다. 가장 간단하게는 흰 종이에 연필만 있어도 되고 조금 더 전문적으로 하고 싶다면 태블릿PC에 그림을 그릴 수 있는 프로그램을 갖추면 된다.

웹툰 작가가 되는 가장 빠른 길은 '바로 지금 시작'하는 것이다. 작은 쪽지에 선 몇 개를 이어 그린 캐릭터에 대사를 쓰고 이를 이미지 파일로 만들어 SNS 계정에 올려보는 것만으로도 일단 웹툰 작가의 첫걸음은 시작했다고 볼 수 있다.

물론 좀 더 체계적이고 전문적인 작가가 되기 위해서는 제대로 된 주제를 잡고 그것을 이야기로 풀어낼 줄 알아야 한다. 웹툰 역시 그 시작은 창작이기 때문에 내 안에 있는 이야기를 제대로 풀어내는 것부터 시작해야 한다. 만약 웹툰 작가가 너무 하고 싶은데 그림을 어떻게 그려야 할지 모르겠다면 딱 한 줄의 일기부터 시작해 보자.

지금 내가 느끼고 있는 감정 한 줄, 겪은 일 한 줄을 적고 그 아래 간단한 그림을 그려 넣어보자. 이렇게 그린 작품이 하나둘 쌓여가면 어느새 자신이 '생활툰', '일상툰'이라는 장르의 작품을 그리고 있다는 사실을 알게 된다.

그림과 글에 좀 익숙해지면 그때부터는 자신의 아이디어를 좀 더 꽃피워 줄 다양한 방식을 시도해 보면 된다. 처음부터 잘하고 완벽한 사람은 아무도 없으며, 창작의 영역에서는 더 그렇다. 스케치업, 클립스튜디오, 일러스트레이터, 포토샵, 포토크리에이트 등의 프로그램이 어렵다면 손으로 시작하면 된다. 따지고 보면 십수 년 전의 모든 만화는 작가가 직접 펜으로 그리고 배경에 톤을 붙이는 수작업으로 이루어졌다. 지금은 대부분의 공정이 디지털화되었고 AI를 통해 기존에 나와 있는 그림을 조합해서 웹툰을 그리는 정도까지 왔지만, 웹툰의 매력은 그런 과거와 최첨단 미래가 공존하는 영역이라는 데 있다.

최신 프로그램으로 멋지게 만든 3D 이미지와 어린아이가 그린 것 같은 삐뚤빼뚤 손그림 모두가 '작가의 고유한 특징'으로 인정받는 폭넓은 분야가 바로 웹툰이다.

이렇게 취미처럼 웹툰을 시작했다가 본격적으로 이 분야에 들어오고 싶다면 학교나 학원에서 '기술'을 향상하는 과정을 거치면 좋다. 여기에서 기술은 각종 프로그램을 다루는 기술뿐 아니라 그림에 대한 기초를 익히는 과정을 말한다. 같은 구도에서도 좀 더 효과적으로 독자를 끌어들이는 방법이나 인물의 표정과 신체를 제대로 구현하는 방법, 색을 잘 쓰는 법 등은 웹툰의 실제적인 기술이다. 최근에는 기성 작가들이 진행하는 유튜브 같은 채널을 통해 웹툰의 핵심 기술들을 스스로 공부할 수 있는 방법도 많다.

수많은 직업의 세계가 있지만 웹툰 작가만큼 쉽고 빠르게 도전하고 시작할 수 있는 직업은 드물다. 어쩌면 웹툰 작가의 가장 큰 조건은 '지금 바로 시작'할 수 있는 용기와 실천력일지도 모른다. 나만의 독특한 세계를 그림과 대사에 얹는 작업, 매력적이지 않은가.

지금 당장 시작해 보자!

theD마스터플랜연구소

차례

1장
웹툰 작가는
어떤 직업이지?

웹툰 작가는
누구인가?

웹툰이란 무엇일까?

웹툰 작가가 누구인지를 알기 전에 먼저 웹툰이란 무엇인지를 정확하게 아는 것이 필요하다. 일반적으로는 웹상에 툰 형태의 이미지에 스토리를 더해 연재하는 형식을 웹툰이라고 한다. 좀 더 자세하게 들어가면 웹툰은 코믹스, 만화, 애니메이션 등 다양한 분야와 연관되어 있다.

웹툰의 역사 자체가 그다지 오래되지 않았고 웹툰 작가라는 직업이 생긴 것도 불과 20년 안팎밖에 되지 않았다. 1990년대 전반기의 만화는 출판이 기본이었다. 책으로 인쇄되어 배포되었고, 종이 형태의 만화가 디지털화된 것은 2000년대 초반이다. 2000년 8월, 기존에 천리안이라는 이름으로 서비스를 해왔던 PC통신 회사에서 초고속 인터넷을 기반으로 웹서비스를 하기 시작했다. 이때 '웹툰'이라는 이름을 처음 쓰면서 만화를 디지털로 변환하여 제공했는데 이전에도 은근히 퍼져 있던 웹툰이라는 개념이 본격적으로 사용되기 시작했다.

웹툰이 나오기 전, 독자가 만화라는 장르를 볼 수 있는 방법은 연재 잡지, 신문의 4컷 만화, 단행본 등으로 인쇄된 출판물을 사거나 빌리는 것뿐이었다. 콘텐츠를 소비하는 방법이 구입이나 대여 방식이었기에 이 시기에 가장 성행했던 사업 중 하나가 바로 만화나 비디오 대여점이었다. 정액 혹은 권당 비용을 지불하고 빌려보아야 했기 때문에 이를 무료로 제공하는 불법 만화 공유 시장도 더불어 커지기 시작했다. 출판 만화를 스캔해서 웹상에 올려놓는다거나 불법 복제물로 공유하는 방식이었는데 이 중 불법 스캔 만화 공유 시장은 점점 더 확대되며 출판 만화 시장을 위협할 정도였다.

하지만 2000년대 들어서 공식적인 웹서비스 업체에서 자체적으로 연재만화들을 디지털로 변환 서비스하기 시작하면서 만화 시장은 급격하게 출판에서 웹 시장으로 영역을 옮겨가기 시작했다. 당시 4컷 만화로 연재되며 인기를 끌었던 《아색기가(양영순)》《광수생각(박광수)》《스노우캣(권윤주)》《마린블루스(정철연)》 등이 웹으로 서비스되면서 큰 인기를 끌기 시작했다. 이들 연재만화가 기존의 출판 시장에서 작품을 먼저 선보이고 이를 다시 디지털로 바꿔 재서비스하는 형식이었다면, 이후 등장한 '웹툰'은 창작 단계에서부터 디지털을 기반으로 한다. 디지털을 기반으로 제작해 유통한 후, 시장이 원하면 이를 출판물로 내는 순서로 과거 만화 시장과는 반대의 절차를 밟기 시작했다.

웹툰은 작가가 그림을 그려서 바로 선보일 수 있다. 웹상의 플랫폼에 올리는 과정이 간단하기 때문이다. 그뿐 아니라 작품에 달리는 댓글을 통해 독자와 실시간으로 소통할 수 있었고 작품에 대한 의견뿐 아니라 커뮤니티의 구성과 독자 관리 등이 동시다발적으로 가능해졌다. 인터넷 시장이 커지면서 웹툰의 시장이 폭발적으로 커진 이유가 여기에 있다.

《웹툰 10년사》●에 따르면 본격적인 웹툰의 시작은 2003년에 다음 '만화 속 세상'에서 연재한 《순정만화(강풀)》라는 작품이다. 기존의 만화가 지면을 옆으로 넘기는 형태였다면 《순정만화》는 스크롤이라는 웹 특유의 방식을 본격적으로 활용했다. 아래로 쭉 내리면서 보는 형태인 스크롤은

● 2014년에 국립중앙도서관에서 진행한 '웹툰전'의 도록이다.(김정영, 반인하, 박석환, 《웹툰 10년사 : 국립중앙도서관 '올 웹툰' 전》, 2014)

칸을 자유자재로 쓸 수 있고, 한 번에 볼 수 있는 면적과 다음으로 넘겨야 하는 면적 사이의 공간을 활용해서 작가가 원하는 효과를 넣을 수도 있어서 몰입과 긴장도를 작가가 조율할 수 있다는 특징이 있다. 이후 웹툰은 스크롤 외에도 스와이프(옆으로 넘기는 방식) 형식을 수용했고 최근에는 이런 형식에 각종 시청각적인 효과를 넣은 효과툰도 나오고 있다. 더불어 한 장의 장면을 옆으로 넘겨서 보는 컷 뷰 형식의 웹툰도 등장했다.

웹툰 작가는 누구인가?

웹툰 작가는 말 그대로 웹툰을 그리는 사람이다. 보통은 아이디어 단계에서부터 시나리오, 콘티, 그림, 특수효과, 플랫폼에 올리는 것까지 한 사람이 전부 도맡지만, 업무를 분담해서 팀으로 움직이는 경우도 있고, 더 나아가서는 회사로 운영되는 경우도 있다.

웹툰 작가는 그림을 잘 그리는 능력보다는 좋은 아이디어를 풀어내는 능력이 좀 더 많이 요구된다. 웹툰의 장점 중 하나가 그림을 표현하는 방식에 제한이 없다는 점이다. 현재 유명한 웹툰들만 봐도 어떤 것은 완벽한 채색과 구도, 공들인 배경 화면을 갖췄지만, 어떤 작품은 흰 배경에 검은 선으로만 인물을 간단하게 그려서 표현한 것도 있다. 옆으로 넘기는 컷툰 중에는 컬러와 대사만으로 장면을 표현한 작품들도 있다. 즉, 웹툰 작가라고 해서 반드시 훌륭한 그림 실력이 있어야 하는 것은 아니다. 다만 자신의 아이디어를 표출하는 방식을 어떻게 잘 활용하느냐에 따라 개성 있는 작품을 만들 수 있는지의 여부가 결정된다.

웹툰 작가는 특별한 자격증이나 전공을 가리지 않아 본인의 의지와 창의력만 있다면 남녀노소 누구나 도전할 수 있다. 현재 웹툰 작가로 활동하고 있는 사람들 중에서는 중고등학생 때 데뷔한 작가들도 있고, 70세가 훌쩍 넘은 작가도 있다. 작가들의 성별 역시 남녀 비율이 비슷하다.

웹툰 작가가
하는 일

웹툰 스토리 작가

스토리 작가는 쉽게 말해 글을 쓰는 작가이다. 일반적으로 작가들이 자신의 아이디어를 고민해서 글로 옮겨내는 작업을 한다면, 웹툰(이외에 애니메이션, 영화, 드라마 등 영상을 구현하기 위해 시나리오가 필요한 모든 작업까지 포함)의 스토리를 만드는 작가는 그림작가와 함께 전체적인 내용과 구성을 논의해서 함께 작업한다.

웹툰의 경우 최종 산출물이 이미지와 대사로 드러나기 때문에 스토리 작가는 배경을 설명하는 지문과 대사 등을 작성하는 경우가 많다. 보통 자신이 잘하는 전문 장르가 있어서 비슷한 관심사를 가진 그림작가와 협업을 한다. 최근에는 웹툰용 시나리오가 아니라 웹소설을 쓰고, 그 후 웹소설을 웹툰으로 각색하는 경우도 종종 있기 때문에 굳이 웹툰만을 위한 글을 쓸 필요는 없다.

만약 자신이 그림을 그리는 작가인데 시나리오가 약하다면 다른 웹소설 작가와 협업할 수도 있고, 주변에서 소개를 받아 공동작업도 할 수 있다. 반대로 자신이 가진 콘텐츠를 웹툰으로 풀고 싶다면 웹소설 등으로 1차 콘텐츠를 만든 후 그림작가를 섭외하거나 소개나 공모를 통해 공동작업자를 구하면 된다.

웹툰 스토리 작가의 시작과 현재

2000년대 이전 웹 작품들은 4컷 혹은 한 면을 만평 형식이나 일상툰을 그린 작품이 대부분이었다. 하지만 스크롤을 통해 흐름이 있는 이야기를 담아낼 수 있게 되면서부터 웹툰에서 스토리는 그림만큼이나 중요한 몰입 요소가 되었다. 따라서 2000년대 들어서 나타난 웹툰은 대부분 서사성을 지니고 있다.

웹툰 이전에 독자들이 본 만화는 작품 자체가 가진 스토리보다는 만화가 연재되는 잡지나 출판사의 성격에 따라 나누어졌다. 1982년 창간된 《보물섬》은 다양한 장르를 담아낸 소년만화 잡지의 시작이나 다름없었다. 물론 그보다 훨씬 전인 1948년에 《만화행진》이라는 만화 잡지가 창간

되었고 그 이후 50년에 걸쳐 다양한 만화 잡지가 만들어졌지만, 본격적으로 만화의 붐을 일으킨 것은《보물섬》이었다. 이후 등장한《아이큐 점프》《소년챔프》등의 만화 잡지는 점점 연령과 성별, 장르에 따라 세분화되었다. 이들 만화 잡지를 통해《열혈강호(그림 양재현, 글 전극진)》《짱(그림 임재원 글 김태관)》등의 소년 만화가 큰 성공을 거두었다.

이후 여성 독자들을 겨냥한 순정만화 잡지가 다양하게 시장에 나왔다.《윙크》《화이트》《댕기》《밍크》《나나》등의 잡지가 다양하게 출간되었고 이들 잡지를 통해《연상연하(한승희)》《카라쿠스(함형숙)》《마젠타 나의 수호신(이미라)》《오디션(천계영)》등의 연재작이 탄생되었다. 또한 이진주, 이보배, 황미나, 신일숙, 강경옥처럼 스토리와 그림이 모두 가능하면서 긴 호흡으로 연재할 수 있는 작가들이 큰 인기를 끌었다.

이 시기에는 같은 작가라도 연재하는 잡지(지금의 플랫폼 역할을 했다.)의 성격에 따라 다른 장르의 만화를 그렸다. 그래서 원하는 취향의 작품을 보기 위해 해당 잡지를 사서 모으는 경우도 많았다. 이처럼 장르가 곧 잡지의 성격을 결정짓던 시기에서 플랫폼이 웹으로 옮겨지면서 하나의 플랫폼 안에서 장르 웹툰으로 정리되기 시작했다. 예를 들어, '네이버 웹툰'이라는 플랫폼을 기준으로 보면 로맨스, 판타지, 액션, 일상, 스릴러, 개그, 무협/사극, 드라마, 감성, 스포츠 등 총 10개 장르로 나뉘어 있다. '레진 코믹스'의 경우는 로맨스, 소년, 드라마, BL, 19금 등 5개로 나뉘어 있다.(2023년 5월 기준)

작가가 작품을 구상할 때 플랫폼별로 구분된 장르를 먼저 보면 내 작품이 어느 장르에 들어갈지 정하는 데 도움이 된다.

웹툰 콘티 작가

콘티는 줄글로만 쓰인 시나리오를 어떻게 배치하고 어떤 그림과 효과를 줄지 일차적으로 정리한 표이다. 작가에 따라 선과 칸으로 대충 구획을 나눠 글과 그림의 위치만 잡아 간단하게 그리는 사람이 있고, 거의 채색 직전까지 정교하게 그리는 작가도 있다. 콘티 작업은 글과 그림의 경우처럼, 작업자와 작업 방식에서 다양한 경우의 수가 존재한다. 글 작가, 그림작가, 콘티 작가가 글, 그림, 콘티를 각각 나누어 작업하기도 하고, 글 작가가 일차적으로 콘티 작업까지 하는 경우, 그림작가가 글을 받아 콘티를 만들고 이후 작업을 진행하기도 한다.

콘티는 크게 글 콘티와 그림 콘티가 있다. 글 콘티는 말 그대로 글로만 지시한 콘티이다. 다음의 예시 그림을 보면 같은 내용을 글 콘티와 그림 콘티로 각각 어떻게 표현하는지 알 수 있다.

글 콘티와 그림 콘티

고구마가 아래에서 쑤욱 올라오며 번쩍 손을 든다.
뒤쪽으로 소실점 끝에 긴 길이 하나 있고,
저 멀리 차가 달려오고 고구마는 그 상황을 모른다.
고구마: 드디어 땅 밖이다!
고구마 근처에 땅이 갈라져 있고 팔 하나가 나와 있는데,
팔이 넝쿨에 살짝 감겨 있다.

보통 글 콘티는 웹툰의 시나리오 작가가 따로 있을 때 글의 의도를 그림작가에게 정확하게 전달하기 위해 하는 작업이다. 같은 대사라도 시나리오 작가는 격한 감정을 담아 그리기를 원하는데 그림작가는 조용한 혼잣말처럼 그림에 표현할 수 있기에 그 차이를 줄이기 위한 작업이라고 할 수 있다.

그림 콘티의 경우, 글보다 화면 분할을 많이 염두에 두고 표현한다. 특히 웹툰의 경우, 옆으로 넘기면서 보는 정형화된 박스 안에 그림이 배치되는 것이 아니라 화면을 길거나 짧게 쓸 수도 있는 자유로운 구조를 지닌다. 따라서 한 인물이 긴 호흡으로 화면을 쓰는 경우와 일반적인 방식으로 화면을 구성하는 경우 독자가 느끼는 감정의 정도가 확연하게 달라진다. 그림 콘티는 이런 감정 전달의 지점까지 계산해서 '보이는 느낌'을 더한 구조적인 작업이다. 여기에 대사를 첨가한 콘티는 완성되지 않은 콘텐츠임에도 불구하고 재미와 몰입도를 준다.

간혹 전문적인 콘티 작가는 시나리오 작가가 쓴 글의 순서를 조금 조정하거나 일부를 삭제하거나 추가함으로써 웹툰의 완성도를 높이기도 한다. 이 경우 글작가와 그림작가는 끊임없이 논의하고 소통하면서 작업해야 한다.

웹툰 작화가

보통 웹툰 작가라고 하면 바로 웹툰 작화가를 의미한다. 웹툰이라는 장르는 독자의 시선을 그림이 먼저 잡다 보니 그림을 그리는 작가가 작품에 참여하는 비중이 가장 클 수밖에 없기 때문이다. 보통 콘티를 통해 전체적인 웹툰의 지도를 그린다면, 작화(그림 그리기)는 웹툰을 완성해 나가기 위한 본격적인 출발점이다.

첫 번째는 전반적으로 구도를 잡고 스케치 작업을 한다. 이때 인물의 특성에 따라 키나 몸매의 비율, 표정과 시선, 주변 환경 같은 것들을 잡아나간다. 이 과정에서부터 디지털 기구를 사용해 작업하는 작가도 있고 연필로 전체적인 흐름을 종이에 직접 구상하는 작가들도 있다. 이는 각자의 스타일이기 때문에 무엇이 옳고 그르다고 말할 수 없다.

전반적인 스케치가 끝나면 본격적으로 그림을 그리는데 작가에 따라 이 과정에서 어시스턴트(보조해 주는 사람)를 쓰기도 한다. 어시스턴트들은 먼저 선만 그리거나 그려 놓은 선 안에 채색하는 일을 맡는다. 회사나 팀을 운영하는 웹툰 작가들을 제외하면 대부분의 작가는 스토리와 작화를 홀로 진행하고, 작화 역시 어시스턴트 없이 작업한다.

최근에는 컷으로 넘기는 컷툰*이 많아지면서 작가별로 자신만의 선과 색을 정해 통일성을 꾀하려는 시도가 많아지고 있다. 색의 톤과 선의 굵기, 모양만으로도 독자들이 "아! 이 작가!" 하고 알아볼 수 있도록 자기 스타일의 웹툰 섬네일을 만드는 것이다.

●　스마트폰에 특화된 방식의 웹툰. 한 컷이 한 장면이 되고 이를 하나하나 옆으로 넘기면서 본다.

웹툰 배경 전문가

앞에서 말한 어시스턴트가 가장 많이 맡는 작업 중 하나가 배경 작업이다.

배경은 등장인물들이 살아서 움직이는 중요한 요소이다. 같은 내용의 시나리오라도 배경에 따라 독자들이 받아들이는 느낌이 완전히 다르기 때문에 웹툰 배경은 간과할 수 없는 작업이다. 인스타툰이나 숏컷 툰처럼 한 프레임에 짧은 대사와 인물 한둘을 담아내는 형식의 웹툰은 배경이 필요 없지만, 서사를 가진 긴 호흡의 연재 웹툰에서 배경은 여전히 무시할 수 없는 요소이다.

만화를 인쇄 매체로만 출판하던 과거에는 다양한 문양이 있는 종이를 직접 오려 붙여(톤 페이퍼●) 톤을 입히고 하나하나 그렸지만, 지금은 3D로 모델링을 해서 이를 활용한다. 별도로 배경 이미지를 구입해서 변환해 쓰기도 한다. 또한 웹툰을 그릴 수 있도록 도와주는 다양한 프로그램에서 만든 이미지를 구입해 배경을 구성하기도 하는데, 같은 프로그램을 쓰는 작가들끼리 자신의 배경을 사고팔 수 있는 마켓까지 형성되어 있다.

● 다양한 선과 문양이 있는 얇은 종이를 배경에 맞게 오려 붙여 효과를 낼 수 있게끔 한 만화 도구

웹툰 작가의
직업적 성격

웹툰 작가의 수익은?

웹툰 작가는 대부분 프리랜서로 시작한다. 기획, 시나리오, 콘티, 작화까지 혼자 작업해서 매체를 정한 뒤 연재를 시작하면 일단 웹툰 작가로 첫발을 내디딘 셈이다. 만약 포털(경쟁을 통해 작가에게 연재 코너를 제공해 주기도 한다.)에 작품을 연재하는 경우, 조회수가 높아지고 사람들의 관심을 많이 받으면 포털과 정식 계약을 한다. 이 경우 작가의 선택에 따라 포털과 인세 계약을 하거나 직원 계약을 맺기도 한다.

프리랜서의 경우 처음부터 수익을 챙기기는 쉽지 않다. 가장 쉽게 접근하는 매체인 인스타그램의 인스타툰의 경우에도, 작가의 인지도가 높아지고 '좋아요'와 '팔로워'로 가능할 수 있는 구독자 수가 최소 1.5~3만 명 정도는 되어야 협업이나 광고 등의 제안을 받는 추세이다.

작가 계약의 형태도 다양하다. 120화 완결 기준으로 볼 때, 전체 완결에 대한 계약금을 먼저 받고 작업을 진행하는 경우도 있고, 일부 편수에 대한 원고료만 미리 받은 후 나머지는 웹툰 구독 수익을 나누는 경우도 있다.

인지도가 있는 일부 작가의 경우, 일정 포털이나 매체와 몇 년 동안 총 몇 편의 웹툰을 연재하겠다는 계약을 하고 계약금을 먼저 받은 뒤 작업을 진행하기도 한다. 하지만 대부분의 웹툰 작가는 포털이나 매체 등과 계약할 때 MG 계약을 한다. MG는 최소 보장, 즉 미니멈 개런티(minimum guarantee)를 말한다. 이는 연재하는 매체에서 연재할 작품에 대해 기본적으로 보장해 주는 비용을 말한다. 그런데 작가의 작품이 본격적인 수익을 내기 전까지는 MG로 받은 금액 이상은 수익을 받지 못한다.

예를 들어 작가가 MG를 총 1,000만 원 받기로 하고 이를 10개월에 걸쳐 매달 100만 원씩 받는다고 하자. 그러면 작가에게는 어쨌거나 10개월간 매달 100만 원의 수입이 생긴다.

작가가 열심히 작품을 그려서 연재를 시작하고 초반부터 꾸준히 300만 원의 수익이 발생했다고 하자. 만약 작가와 매체가 5:5로 수익 정산 계약을 맺었을 경우 300만 원의 수입은 각각 150만 원씩 나눠 가져야 한다. 그런데 작가가 MG 계약을 맺었기 때문에 실제 수익 배분(RS)은 총매출 액에서 수수료를 제한 순 매출액을 나누되, 여기에서 MG 로 먼저 받은 금액을 제한다.

예를 들어, MG가 1,000만 원이고 수익 배분을 5:5로 계약했다고 해보자. 총매출이 2,000만 원이라고 할 때 대략 30%의 수수료를 제하면 1,400만 원의 매출이 잡힌다. 이 가운데 50%인 700만 원이 작가의 실제 수익이 되는데 이를 MG에서 차감하는 것이다. 차감이 모두 끝나야 본격적으로 50%의 비율로 정산을 받을 수 있다. 신인 작가는 대부분 연재가 끝나기 전에 MG를 모두 차감하기가 어렵다. 그래서 일 년을 꼬박 연재하고도 MG만 받고 끝나거나, 이후 몇 년이 지나도 정산되지 않은 MG 때문에 추가 수익을 얻지 못하는 경우도 많다.

그래서 지금 시작하는 웹툰 작가들은 자유로운 툰 형태의 만화를 인스타그램, 페이스북, 포스타입, 딜리헙 (Dillyhub), 타파스(Tapas), 페이트리언(Patreon) 등을 통해 연재해서 자신만의 경력을 쌓은 후 별도의 수익 채널을 먼저 만들기도 한다.

시간을 자유롭게 활용할 수 있다

작품의 규모가 크고 일이 많아서 사무실을 열고 어시스턴트들과 함께 작업하는 직장 운영 형식으로 일하는 웹툰 작가들도 있지만, 대부분의 웹툰 작가들은 시간을 자유롭게 쓴다. 자유롭다는 것은 24시간 중에서 20시간을 일할 수도 있지만 20시간을 놀 수도 있다는 뜻이다. 즉 자신이 하는 만큼 결과물이 나오기 때문에 계획을 철저하게 세워서 진행하지 않으면 작품을 완성하기 어렵다는 말과도 같다.

연재작의 경우 정해진 연재일은 독자들과의 약속이기 때문에 대부분의 웹툰 작가들이 프리랜서임에도 불구하고 마감에 대한 압박을 호소한다. 철저하게 계획을 세우고 진행해도, 정해진 시간 안에 아이디어가 나오는 것이 아니다 보니 시간과 상관없이 초조함을 느끼게 된다.

따라서 웹툰 작가를 시작하려면 우선 자신이 하루에 소화할 수 있는 업무 분량을 먼저 파악하는 것이 중요하다. 예를 들어 손이 빠르고 그림이 쉬워서 아이디어만 완성되면 그림 그리는 건 4~5시간이면 되는 사람이 있다. 반면에 아이디어는 정말 많은데 그림이 어렵거나 손이 느려서 그림 그리는 시간이 3~4일 필요한 사람도 있다. 이 둘의 작업 패턴은 완전히 다를 수밖에 없다. 작가별로 모두 달라서 자신의 스타일을 먼저 잘 파악하고 매일 일정한 시간에 적정량의 원고 작업을 할 수 있도록 배분하는 것도 작가로서 갖춰야 할 역량이다.

두 번째 직업

앞에서 말한 것처럼 웹툰 작가는 비교적 시간을 자유롭게 쓸 수 있는 직업이다. 일하는 공간도 따로 필요하지 않고 컴퓨터나 패드류의 디바이스만 있으면 언제 어디서든 작업이 가능하다.

웹툰 작가 중에서는 변호사, 의사, 패션 CEO 등 본업을 따로 가진 채 자신의 직업 현장에서 경험한 소재를 웹툰으로 그리는 사람들도 있고, 본연의 모습은 숨긴 채 두 번째 직업으로 웹툰 작가를 하는 사람들도 있다. 이는 웹툰 시장의 확대에 따른 변화이기도 하다.

초반 웹툰 시장에서 인기를 얻었던 웹툰은 스토리가 강화된 연재 형식이었다. 강풀, 양영순, 조석, 이말년, 주호민, 기안84 등의 작가들이 스토리를 위주로 한, 연재 중심의 스크롤 웹툰의 유행을 이끌었다. 최근에는 인스타그램의 성장과 함께 오히려 초기 웹툰의 형태인 컷툰이 다시 부각되기 시작했다. 컷으로 이루어져 옆으로 넘겨 보는 컷툰은 플롯과 칸의 배치를 통한 서사가 배제된 채 일정한 크기의 박스에 이미지와 대사를 얹는 방식의 콘텐츠이다. 그림체,

전문성과 상관없이 '이야기'를 꾸릴 수 있는 사람이면 누구나 손쉽게 도전할 수 있는 형태의 웹툰이다. 그래서 본 직업이 아닌 N잡으로 웹툰 작가를 하는 사람들은 대부분 이 컷툰으로 작업한다. 비교적 연재 약속에서 자유로울 뿐만 아니라 긴 내러티브●가 아닌 짧고 간결한 에피소드 위주의 이야기가 가능해서 스토리 창작에 대한 부담도 비교적 적은 편이다.

게다가 팔로워 수에 따라 비교적 쉽게 광고 수익을 창출할 수 있어서 본 직업이 아닌 두 번째 직업으로 선택했을 때 다른 분야에 비해 진입장벽이 낮은 편이다. 물론 이조차도 자신만의 이야기를 뚜렷하게 펼쳐나갈 수 있고 팬을 확보할 때까지는 누구보다 노력하고 고민해야 하지만 전업 작가보다는 부담이 적다고 할 수 있다.

● 　길게 연결된 사건의 흐름, 즉 인물이 사건을 끌고 나가는 과정을 말한다. 여기서 말하는 내러티브는 긴 호흡의 이야기를 의미한다.

웹툰의 역사_ 스크롤링에서 스와이프까지

웹툰의 시작은 만화이다. 그렇다면 만화의 시작은 언제일까? 만화와 일반 그림(회화)의 가장 큰 차이점은 만화가 일반 회화보다 과장되고, 좀 더 단순화된 기법으로 그림을 그린다는 것이다. 좀 더 자세하게 구분하면 만화는 인물이나 사물을 과장되게 그린 캐리커처, 한 장면을 축약해서 묘사한 카툰, 컷으로 이루어져서 내용이 4컷 이상 이어지는 코믹스, 움직임을 넣어 연속적으로 볼 수 있게끔 하는 애니메이션 등으로 나뉜다.

우리나라 만화의 시초는 《대한민보》라는 신문에 이도영 작가가 연재한 시사만화이다. 이후 여러 잡지와 신문에서 만화 형식의 작품들이 나오기는 했지만, 이야기의 구조를 갖추고 연재하는 형식은 아니었다. 또한 고정된 인물이 캐릭터로 자리 잡는 것도 어려웠다.

캐릭터가 본격적으로 만화에 스토리를 부여하고 끌고 나가기 시작한 건 1924년부터 1926년까지 《조선일보》에 연재된 《멍텅구리》 시리즈였다. 안재홍 작가가 글을 쓰고 노수현 작가가 그림을 그린 이 시리즈는 경성의 재산가이지만 키만 크고 여자를 좋아하는 최멍텅과 기생인 신옥매, 둘 사이를 이간질하는 윤바람이라는 세 주인공을 중심으로 한 로맨틱 코미디 기획물이다. 〈헛물켜기〉를 시작으로, 〈련애생활〉 〈자작자급〉 〈가뎡생활〉 〈세계일주〉의 시리즈를 만들어서 마치 지금의 시즌제 드라마처럼 선보였다. 이 시리즈는 1926년에 이필우 감독에 의해 〈멍텅구리〉라는 영화로도 만들어질 정도로 인기가 많았다. 일제강점기 때 억눌려 있던 사람들에게 재미와 웃음을 주는 콘텐츠의 역할을 만화가 톡톡히 했기 때문이다.

해방이 된 후에 다양한 잡지와 신문이 복간●되면서 다양한 만화가 선보였다. 초반에 성인을 중심으로 한 시사만화, 로맨틱 코미디물 등이 주류를 이루었다면, 1970년대 이후

● 멈추었던 발간을 다시 시작하는 것을 복간이라고 한다. 일제강점기에 일본의 탄압으로 대다수의 신문과 잡지가 발행을 금지당했다가 해방 후 다시 발행되었다.

의 만화 시장은 어린이를 중심으로 형성되었다. 만화를 볼 수 있는 만화방의 등장과 함께 본격적으로 장편 스토리를 기반으로 한 만화가 유행했다. 신일숙, 김혜린, 김진, 허영만, 이현세 등 탄탄한 팬층을 확보한 스타 만화가가 탄생한 것도 이 무렵이다. 이들 스타 만화가들은 자기 작품을 연재하는 잡지나 단행본을 통해 지속적으로 활동했고 이는 2000년대에 들어 잡지가 점점 사라질 때까지 꾸준히 이어졌다.

2000년대는 본격적인 디지털 시장이 열린 시기이다. 당시 만화는 지금의 웹툰과도, 기존의 만화 시장과도 약간 다른 '디지털 만화'의 성격을 가지고 있었다. 디지털 만화는 그 태생이 아날로그이다. 즉 유통과 소비 모두 디지털 세상에서 이루어지지만 그 창작과 제작은 기존의 만화와 다를 바가 없었다. 그래서 이 시기의 만화는 단순히 책 형태의 만화를 옆으로 넘겨 보되, 그 화면이 현실이 아닌 디지털이라는 점 이외에는 차이가 별로 없었다.

이후 인터넷 시장이 더 발전하면서 기존의 만화 작업을 디지털로 대체해 오던 작가들을 중심으로 시장은 점점 '웹툰'의 스크롤링으로 바뀌어갔다. 흥미롭게도 그 시작은 지금의 웹툰이 대부분 모여 있는 포털이 아닌 작가들의 개인 홈페이지였다. 일상의 이야기를 담담하게 펼쳐내는 컷툰 형식으로 이루어진 권윤주 작가의《스노우 캣》이나 박광수 작가의《광수생각》, 정철연 작가의《마린 블루스》등은 이후 스크롤링으로 이어지는 웹툰 사이에 가교 역할을 했다.

　이후 포털 사이트와 연재라는 웹툰의 가장 큰 변별 조건을 갖춘 작품인 강풀의《순정만화》가 등장하면서 웹툰 시장은 본격적으로 스크롤링과 스와이프 형태로 발전하기 시작했다.

2장
웹툰 작가가
되기까지

웹툰 작가가 되기 위한
출발점은?

학교에서 웹툰 작가 되기

한국 콘텐츠 진흥원에서 조사한 웹툰 작가의 실태조사표 (2019년)에 따르면, 현재 웹툰 작가 중에 웹툰 관련 학교를 졸업한 사람은 29퍼센트이고, 미술이나 디자인 등 비슷한 분야를 전공한 사람은 25.2퍼센트, 그 외 기관 프로그램이나 학원 등에서 훈련을 받은 사람은 20.3퍼센트, 별도로 교육을 받은 적이 없는 사람이 33.1퍼센트이다.

이는 웹툰 작가가 되기 위해 꼭 웹툰이나 애니메이션 학과의 졸업장이 필요하지 않다는 증거이다. 그럼에도 불구하고 웹툰 작가로서 전문 교육을 받지 않은 사람들 다음으로 관련 학교를 졸업한 사람들의 비율이 높다는 사실은 웹툰 시장이 커지고 있으며, 그럴수록 제대로 그 세계를 알고 공부한 사람들이 좀 더 진입하기 쉽다는 말로 이해된다. 다른 분야에 관심이 있다고 해서 웹툰 작가가 될 수 없는 것도 아니고, 꼭 웹툰 관련 학과에 가야만 작가가 될 수 있다는 말은 아니지만, 본격적으로 기초부터 배우고 싶다면 관련 학과에 진학해 전문적으로 교육받는 것을 고려해 볼 만하다.

현재 우리나라에서 웹툰, 애니메이션을 배울 수 있는 학과는 다양한 이름으로 개설되어 있다. 학교에 따라 만화 애니메이션, 영상 애니메이션, 웹툰 전공, 디지털애니메이션, 만화게임영상, 웹툰일러스트, 웹툰만화콘텐츠, 웹툰만화창작 등 다양한 전공이 있다. 이는 웹툰의 교육과정에 출판만화, 애니메이션, 웹툰 등이 아직 혼재되어 있기 때문이다.

사실 만화 애니메이션이나 웹툰, 영상과 게임 등은 캐릭터를 중심으로 만화 형태를 빌려온다는 점에서는 같지만, 각각 사용하는 프로그램과 영상 문법은 다르다. 웹툰의 경우에는 일반 회화를 전공했던 사람들이 전공을 바꿔 넘어오는 경우도 많다. 특히 콘텐츠 시장에서 웹툰과 게임, 애니메이션 등의 수요가 높아지면서 기존의 애니, 만화, 디자인 관련 학과가 이름을 웹툰, 애니메이션으로 바꿔서 운영하는 경우도 있다. 따라서 대학에서 웹툰을 배우고자 한다면 반드시 학과 커리큘럼을 미리 확인해야 한다.

혹 국내가 아닌 해외의 대학에서 웹툰을 공부하고 싶다면 미국, 일본 등이 현재로서는 시장이 가장 크다. 하지만 웹툰의 스타일과 흐름, 형식 국내 콘텐츠와는 문화적으로 많이 다르다. 따라서 군이 웹툰만을 배우기 위해서라면 유학을 권유하지는 않는다. 가까운 일본의 경우, 우리나라보다 애니메이션, 만화 시장이 오랜 기간 유지되어 왔지만, 대부분 도제 방식●으로 이루어져 있어서 유학생들이 자리 잡기는 매우 어렵다. 또한 웹툰은 다른 분야와 달리 학벌이나 인맥(도제관계로 만들어진 인맥 등)보다는 본인의 실력과 포트폴리오가 중요하기 때문에, 꼭 필요한 것이 아니면 유학보다는 국내에서 착실하게 자신의 경력을 쌓을 것을 권한다.

국내에서 웹툰 혹은 그와 비슷한 분야를 배울 수 있는 곳은 다음과 같다.

● 오랜 시간 경력을 쌓아온 장인이 제자를 가르치며 끌어나가는 방식.

학과명	학교명	지역
만화 · 애니메이션콘텐츠	강동대학교	충북
웹툰일러스트학과	경기과학기술대학교	경기
애니메이션학과	경기대학교(제2캠퍼스)	서울
영상애니메이션학부	경성대학교	부산
만화애니메이션학부	경일대학교	경북
게임콘텐츠학과	경일대학교	경북
만화애니메이션학부	경일대학교	경북
디자인게임 애니메이션학부	경주대학교	경북
웹툰과	계명대학교	대구
영상애니메이션과	계명대학교	대구
영상 · 애니메이션학부	계명문화대학교	대구
웹툰과	계명문화대학교	대구
애니메이션과	계원예술대학교	경기
게임미디어과	계원예술대학교	경기
만화애니메이션학부	공주대학교	충남
게임디자인학과	공주대학교	충남
게임콘텐츠학과	광운대학교	서울
웹툰애니메이션스쿨	구미대학교	경북

만화 · 애니메이션학과	극동대학교	충북
웹툰영상애니메이션학부	대구대학교	경북
애니웹툰학부	대구예술대학교	경북
웹툰학과	대덕대학교	대전
웹툰애니메이션학과	대전대학교	대전
웹툰애니메이션학과	대전대학교	대전
미술만화게임학부	대진대학교	경기
미술만화게임학부	대진대학교	경기
웹툰 · 애니메이션학과	동명대학교	부산
게임그래픽학과	동명대학교	부산
웹툰학과	동서대학교	부산
영상애니메이션학과	동서대학교	부산
메타버스게임 애니메이션과	동서울대학교	경기
웹툰애니메이션학과	동양대학교	경북
웹툰창작과	동원대학교	경기
웹툰디자인과	동의과학대학교	부산
게임콘텐츠과	두원공과대학교	경기
웹툰학과	목원대학교	대전
애니메이션학과	목원대학교	대전

게임콘텐츠학과	목원대학교	대전
아트앤웹툰학부(게임애니메이션)	배재대학교	대전
아트앤웹툰학부(산업디자인)	배재대학교	대전
아트앤웹툰학부(아트앤웹툰)	배재대학교	대전
아트앤웹툰학부 (커뮤니케이션디자인)	배재대학교	대전
웹툰애니메이션학부	백석문화대학교	충남
웹툰 애니메이션과	부산경상대학교	부산
디자인학과(애니메이션전공)	부산대학교	부산
SW융합학부 애니메이션전공	상명대학교	서울
예술학부 디지털만화영상전공	상명대학교(제2캠퍼스)	충남
만화애니메이션학과	상지대학교	강원
웹툰콘텐츠학과	서원대학교	충북
웹툰스토리텔링학과	서일대학교	서울
영화웹툰애니메이션학과	세명대학교	충북
창의소프트학부 (만화애니메이션텍전공)	세종대학교	서울
웹툰애니메이션학과	세한대학교	전남
웹툰스토리과	수성대학교	대구
만화애니메이션학과	순천대학교	전남

웹툰애니메이션과	순천제일대학교	전남
디지털애니메이션학과	순천향대학교	충남
웹툰학과	신라대학교	부산
웹툰출판미디어과	신안산대학교	경기
게임콘텐츠학과	안양대학교(제2캠퍼스)	인천
웹툰만화콘텐츠과	연성대학교	경기
웹툰과	영남이공대학교	대구
메타버스게임 애니메이션과	영남이공대학교	대구
웹툰학과	영산대학교(제2캠퍼스)	부산
만화애니메이션과	영진전문대학	대구
애니메이션&웹툰전공	예원예술대학교	전북
만화게임영상전공	예원예술대학교(제2캠퍼스)	경기
웹툰만화과	용인예술과학대학교	경기
애니메이션영상학과	유한대학교	경기
웹툰만화학과	인덕대학교	서울
웹툰영상학과	인제대학교	경남
게임아트디자인과	인천재능대학교	인천
만화 · 애니메이션학과	조선대학교	광주
시각애니메이션콘텐츠과	조선이공대학교	광주

만화애니메이션학전공	중부대학교	충남
글로벌예술학부 (게임콘텐츠·애니메이션전공)	중앙대학교(제2캠퍼스)	경기
웹툰그래픽과	창원문성대학교	경남
웹툰만화콘텐츠전공	청강문화산업대학교	경기
애니메이션전공	청강문화산업대학교	경기
웹툰콘텐츠과	청암대학교	전남
만화애니메이션학과	청주대학교	충북
애니메이션과	한국예술종합학교	서울
멀티미디어영상과	한국예술종합학교	서울
만화웹툰전공	한국영상대학교	세종
게임애니메이션과	한국영상대학교	세종
영상애니메이션학과	한서대학교	충남
웹툰과	한양여자대학교	서울
만화애니메이션학과	호남대학교	광주
애니메이션학과	호서대학교	충남
영상·애니메이션학부	홍익대학교(제2캠퍼스)	세종
게임학부 게임그래픽 디자인전공(미술계)	홍익대학교(제2캠퍼스)	세종

웹툰과에 진학하기 위해서는 기본적인 아이디어 스케치, 상황 표현을 위한 플롯 구성, 칸 만화에 대한 이해를 기반으로 한 발상 전개 등의 기본기가 필요하다. 또한 스토리보드를 구성할 수 있고, 그림 그리기에 대한 기본기를 바탕으로 한 드로잉 기술도 가지고 있으면 유리하다. 그래서 웹툰 관련 학과에서 웹툰을 직접 배우기도 하지만 애니메이션, 디자인, 디지털 콘텐츠, 영상콘텐츠 학과, 학부 등에서 교과목으로 웹툰을 배우는 경우도 있다.

학원에서 웹툰 작가 되기

학교 이외에 웹툰을 가르치는 학원에 다니는 방법도 있다. 보통 학원에서 웹툰을 배우는 이유는 두 가지이다. 웹툰 관련 학과에 진학하기 위한 입시 목적과 자신만의 웹툰을 그려서 웹툰 작가가 되기 위한 목적이다. 전자의 경우 웹툰 학원에 마련된 입시 코스를 수강하면 되고, 후자의 경우는 자신의 수준에 맞는 강좌를 수강할 수 있다.

만약 웹툰에 관심은 있지만 기본기가 하나도 없다면 기본적인 디자인 프로그램인 포토샵, 클립스튜디오, 메디방 등을 배우는 것부터 시작한다. 학교나 학원에서 배우든, 독학으로 배우든 웹툰을 그리려면 이 프로그램들을 사용해야 하므로 반드시 배워서 익숙하게 사용하도록 해야 한다.

이후 본격적인 그림의 기초를 배운다. 대부분 인물의 비율, 표정, 구도 등의 기본 요소를 그리는 방법과 스토리를 전개하는 방법, 시놉시스와 트리트먼트를 구성하고 이를 다시 시나리오로 발전시키는 방법 등을 구체적으로 배우게 된다. 모든 학원이 똑같지는 않지만 대체로 학원에서 배울 수 있는 기초 과정의 경우, 평균 3개월이 걸린다. 기본 커리큘럼은 기초 크로키, 뼈대 잡아서 그리기, 클립스튜디오나 포토샵 다루기, 배경 그리기, 인물 그리기(남자, 여자, 성인, 아이, 노인 등 나이와 성별에 따른 차이 알고 그리기), 채색, 빛의 방향에 따른 효과, 각도에 따른 효과, 비율 등이다. 이런 실기와 별개로 아이디어 짜기, 주제 뽑기, 시나리오 쓰기, 콘티 구성하기, 글 및 그림 콘티 그려보기 등 그림을 그리기 위한 기초 스토리 수업도 기초 과정에서 함께 이루어진다.

중급과 고급 과정에서는 신체를 좀 더 세부적으로 표현하는 방법과 더불어 포즈 연구, 의상 연구, 자신만의 캐릭터 만들기 등을 배우면서 실습할 수 있다. 주인공뿐 아니라 조연 캐릭터를 만들고 구성하는 것까지 실습하며, 직접 작품에 적용해 보는 과정도 있다. 학원에 따라서 작화반, 스토리반을 따로 운영하는 곳도 있다. 웹툰은 그림뿐 아니라 스토리도 중요하기 때문이다. 웹툰이라는 장르 자체가 그림을 통해 스토리를 전달하는 방식이다 보니 스토리를 제대로 구성하고 구조를 만드는 능력이 그림 실력만큼이나 중요한 요소이다.

따라서 웹툰 학원에서는 별도로 웹툰 스토리를 배우기 전에 다양한 장르의 문학과 웹소설, 드라마, 영화, 연극 등이 가진 스토리에 대한 기초 이론을 학습한다. 그리고 배경(세계관), 설정 등을 공부한 후 직접 시놉시스를 작성하는 과정으로 스토리를 배운다. 시놉시스를 기반으로 구조 변화를 통한 재미 요소 더하기, 직접 시나리오 작성하기, 대사 및 묘사 방법 익히기와 이를 기획서에 녹여내는 방법 등을 종합적으로 배우게 되는데 평균 3개월에서 6개월 과정으로 진행되는 것이 일반적이다. 대부분의 웹툰 작가들은 그림과 글을 동시에 소화하지만, 그림이 아닌 글작가만을 목표로 할 때는 이런 스토리 과정을 우선 공부해 보는 것도 권할 만하다.

문하생으로 웹툰 작가 시작하기

유명 웹툰 작가 중에서는 스스로 회사를 설립하고 직원을 고용해서 작업하는 경우도 많다. 이 경우 전체적인 스토리 구성은 작가가 하지만, 문하생(직원)들이 스토리를 중심으로 시놉시스 구성, 기초 스케치 등을 나누어서 작업한다.

그 뒤에 세부 작업은 다시 작가가 하고, 배경 그리기, 색 입히기 등은 문하생이 하는 방식으로 업무를 나눠서 작품을 완성한다.

만약 어느 정도 그림을 그릴 줄 알고 웹툰에 대한 감각을 익히고 싶다거나, 평소 좋아하고 존경하는 작가에게 배우고 싶다면 문하생으로 시작하는 것도 방법이다. 하지만 문하생이 되기 위해서는 우선 어느 정도 기본기가 갖추어져 있어야 하고 소위 말하는 '스타일의 톤 앤드 매너'가 비슷해야 한다. 만약 자신이 추구하는 웹툰은 정통 로맨틱 코미디인데 스릴러나 공포물을 주로 작업하는 작가의 문하생이 되는 것은 그다지 큰 도움이 되지 않기 때문이다.

일본은 문하생으로 들어가 작업하는 역사가 우리나라보다 긴 편이어서 여전히 문하생 시스템을 많이 활용하고 있긴 하지만, 시대가 점점 변하면서 예전보다 줄어드는 추세이다. 우리나라는 최근 들어 열정페이 등이 사회적 문제로 대두되면서 문하생 시스템이 점점 더 줄어들고 있다. 대신 비슷한 결을 가진 작가들이 작업실을 공유하면서 서로 필요할 때 도움을 주거나 아이디어 회의를 함께하거나 협업으로 작품을 만드는 식의 공동 작업 형태는 종종 이루어진다.

혼자 도전하는 웹툰 작가

학교나 학원에서 가장 기본적인 드로잉 기초를 배웠거나 어느 정도 그림을 그릴 수 있는 기본 기술이 있다면 혼자서 웹툰 작가에 도전해 보는 것도 방법이다. 앞에서도 말했듯이 웹툰 작가는 특별한 학벌이나 자격증이 필요 없다. 하지만 그림과 스토리로 자신이 전하고자 하는 것을 콘텐츠로 만들어 전달하는 직업이기 때문에 기본적으로 스토리 구성 능력과 드로잉 능력이 필요하다. 웹툰 작가 중에는 자신만의 유튜브 채널을 개설하여 초보 작가들에게 노하우를 전해주는 사람도 있다.

드로잉의 경우, 사람에 따라서 본격적으로 완성도 있는 그림을 그릴 수도 있고, 선 하나로 단순화해 그릴 수도 있다. 이렇게 다양한 방식이 있지만, 기본적인 구도와 색채 정도는 알아야 좀 더 풍성하게 스토리를 전달할 수 있다는 점에서 그림 실력 역시 꾸준히 향상해 나가야 하는 요소이다. 또한 손으로 직접 그려서 파일화해서 올리는 디지털 만화를 지나, 실제 디지털 프로그램을 통해 그리는 웹 작업을 위주로 하는 지금은 태블릿, 디지털 펜슬, 포토샵, 일러스트, 클립스튜디오, 메디방, 스케치업 등의 프로그램과 디바이스에 익숙해지는 시간도 필요하다.

웹툰을 그리기 전에 자신이 웹툰을 그리는 이유와 목표

를 생각해 보는 것도 중요하다. 웹툰이 포털에 연재되기를 원한다, 공모전에 나가겠다, 외국 사이트에 소개되기를 바란다, 웹툰 자체로 인정받는 것보다 2차 콘텐츠로 확장되기를 원한다 등의 다양한 목표에 따라 매체 선정 및 분량이 달라지기 때문이다.

팀 꾸려 웹툰 그리기

혼자서도 글과 그림이 모두 가능하다면 굳이 팀을 꾸려서 작업할 필요가 없다. 하지만 아무리 고민해도 스토리를 짜기 어렵거나, 스토리는 얼마든지 나오는데 그림이 안 돼서 웹툰에 도전하지 못하는 경우 팀으로 작업하기도 한다.

일반적으로 팀을 구성해 주는 별도의 회사나 사이트가 있는 것은 아니고 비슷한 관심사를 가지고 모인 사람들의 커뮤니티에서 서로 협력하는 경우가 많다. 팀으로 웹툰을 그릴 때 주의할 점 하나는 바로 저작권이다. 웹툰 자체가 2차로 활용되었거나 웹툰에서 만든 캐릭터만 2차로 활용되었을 때, 저작권에 관한 글작가와 그림작가의 의견이 다를 수 있다.

따라서 협업을 통해 작업을 하게 되면 처음부터 수익 배분 및 저작권에 대한 사항들을 협의하는 편이 좋다. 특히 그림 캐릭터가 2차적으로 활용되어 캐릭터 비즈니스에 적용될 경우 저작권 분쟁이 생길 수 있다. 이 부분을 처음부터 명확하게 정해놓으면 분쟁에 대처할 수 있다.

웹툰 작가의
조건

웹툰 작가처럼 생각하기

작가처럼 생각한다는 말은 무슨 뜻일까? 다양한 대답이 나올 수 있겠지만 가장 기본적으로 '작가적인 생각'은 끊임없이 "왜?" 하고 질문하는 데서부터 시작한다.

작가는 평범한 일상 속에서 낯섦을 포착하는 사람들이다. 남들은 의식조차 하지 못하는 일들, 예를 들어 바람에 흔들리는 풀을 보고도 '왜 흔들리지?' '정말 바람이 흔드는 걸까?' '혹시 바람이 아닌 다른 게 흔들고 있나?' '혹시 저 아래 뭔가 다른 존재가 있는 거 아닐까?' '풀뿌리 근처에 요정 같은 다른 생명체가 있을지도 몰라.' '자신이 있는 걸 들키지 않기 위해 바람인 것처럼 풀을 흔들고 있을지도 몰라.' 이런 식으로 자꾸 생각의 꼬리를 물고 질문을 던져보고 뭔가 다른 것을 거듭 상상해 보는 것, 그것이 작가적인 상상력이다.

아무것도 없는 마루 아래에 뭔가 다른 존재가 있다는 생각(《마루 밑 아리에티》), 빙하 속에 갇혀 있던 어린 공룡이 한강까지 떠내려왔다는 상상(《아기공룡 둘리》), 지구가 망해서 화성에 새로운 기지를 구축하고 우주 쓰레기를 모으는 사람들이 있다는 미래에 대한 상상(《승리호》), 남북 대치 상황에서 북한에서 쿠데타가 벌어졌다는 가정 아래 생길 수 있던 일들(《강철비》) 등을 상상해 보는 것이다. 만화, 애니메이션, 웹툰은 그런 상상에서 출발한다.

다만 이 상상이 막연하거나 뜬금없으면 아이디어가 아닌 공상이나 망상에 그치고 만다. 우리의 상상은 반드시 현실과 닿아 있어야 하고 이를 증명하기 위해 다양한 자료를 수집해야 한다. 그래서 작가는 아이디어가 뛰어나기도 해야 하지만 생각하기 위해 많은 것을 보고 읽어야 하고 그것들을 토대로 한 생각의 시작을 풀어낼 줄 알아야 한다. 만약 뭔가 그려보고 싶은데, 생각하는 것부터 어렵다면 자기 주변에 있는 평범한 것들을 관찰하면서 '왜'라는 질문을 던져 보자.

웹툰의 장르 알기

웹툰을 처음 그리기 위해서는 먼저 내 스토리가 어떤 성격을 가졌는지를 결정해야 한다. 우리가 흔히 '~물'이라고 표현하는 것을 '장르'라고 하는데 웹툰 역시 장르를 먼저 알아야 자신의 작품이 어떤 흐름으로 진행될지를 결정할 수 있다. 자신이 평소에 좋아하던 장르라고 해서 잘 그릴 수 있는 것은 아니기 때문에, 좋아하는 것과 잘하는 것을 냉정하게 살펴볼 필요가 있다.

웹툰 시장에서 가장 큰 비중을 차지하는 분야는 로맨스 장르이다. 전체 웹툰 중 약 4분의 1을 차지할 정도로 로맨스 장르는 웹툰에서 강세를 보인다. 로맨스는 연애, 순정, 로맨틱 코미디, 학원물, 오피스물, 판타지 성인물, BL●, GL ●● 장르로 세분화된다. 로맨스물은 기본적으로 남녀 주인공을 중심으로 전개되는 사랑 이야기이다. 배경이나 사건보다는 주인공들끼리 주고받는 감정 라인이 강조되기 때문에 큰 사건을 만들지 않고 인물의 매력만으로 얘기를 끌고 나가기 쉽다는 장점이 있다. 반면 이미 많은 곳에서 다루어졌고 지금도 끊임없이 생산되고 있기 때문에 비슷한 설정

● Boy's Love의 줄임말. 남자 인물끼리 서로 사랑하는 내용을 소재로 한다

●● Girl's Love의 줄임말. 여자 인물끼리 서로 사랑하는 내용을 소재로 한다.

이 많아서 새로움을 주기 어렵다는 단점도 동시에 존재한다. 비교적 쉽게 도전할 수 있는 장르라서 처음 웹툰을 시작할 때 주로 많이 선택한다.

로맨스 다음으로 많은 장르는 바로 개그와 유머를 위주로 한 코믹물이다. 코믹물의 경우 장편으로 연결되는 서사성이 강한 작품보다는 단편으로 끝나거나 컷툰으로 진행되는 일상툰이 더 많다.

일상툰은 자신을 주인공으로 하거나 자신의 페르소나●를 자신인 것처럼 소소한 이야기를 풀어낸다. 주로 감동이나 공감 코드를 공략하고 작고 아기자기한 이야기가 많다. 그래서 캐릭터 역시 2등신 혹은 선과 면으로 단순화된 귀여운 작품이 많은 편이다. 일상적인 이야기로 시작해, 이모티콘이나 캐릭터로 발전하는 경우가 가장 많은 장르이다. 공감, 개그 코드 위주로 보통 한 편이 10컷이 넘어가지 않고 이야기가 길어질 경우에도 1회를 10컷 내외로 자르되 시리즈물로 선보이는 경우가 많다. 일상툰은 포털보다는

● 원래는 고대 그리스 가면극에서 배우들이 썼다가 벗었다 하는 가면을 말한다. 나라는 사람이 직접적으로 드러나지 않고 어떤 가면이나 캐릭터를 통해 세상에 나가게 될 때 내가 쓴 가면이 곧 페르소나가 된다. 하얀 고양이가 주인공이 되어 이야기를 풀어나갔던 《스노우 캣》이나 감자가 작가의 페르소나인 《직장인 감자》, 혹은 작가 자신이 곧 일상의 주인공이 되어 웹툰을 이끌어나가는 《마음의 소리(조석)》 등은 작가 자신이나 그의 일부를 대표한 페르소나가 웹툰의 주인공이 된다.

만화경, 인스타그램 등을 통해 많이 볼 수 있다.

　연애, 순정, 일상, 개그 다음으로 많이 차지하는 장르는 모험, 판타지 장르이다. 여기에 추리와 미스터리까지 포함되면 거의 일상툰과 비슷한 비율로 인기를 누리고 있다고 볼 수 있다. 판타지물에서 가장 중요한 것은 배경이다. 배경은 인물이 사건을 겪는 세상을 말한다. 한 인물이 겪는 사건이 평범해도 배경에 따라서 이 사건은 절체절명의 위기를 가져올 수도 있고 아무렇지 않게 넘어갈 수도 있다. 판타지는 크게 다시 둘로 나뉜다. 바로 동양 판타지와 서양 판타지이다. 각각의 세계관은 기본적으로 그 문화권의 신화나 전설을 기반으로 한다.

　동양적 판타지에서 주술, 용, 전설 등이 주로 나온다면 서양적 판타지에는 그리스 로마 신화, 바이킹 신화, 마녀 이야기 등이 기반이 되어 영주, 기사 등의 주인공이 나온다. 똑같은 용이라도 동양과 서양의 판타지에서 각각 다르게 표현된다. 미스터리나 추리물은 가장 정교한 시나리오를 요구하는 장르이다. 복선*과 플롯**이 복잡하고, 알아채

●　　나중에 밝혀질 진실을 위해 앞부분부터 차곡차곡 쌓아가는 단서를 말한다. 특히 추리물에서는 결말에서 모두를 놀라게 할 만한 반전 요소를 앞부분부터 쌓아가는 것이 중요하다.

지 못할 만큼 세심하게 단서를 잘 숨겨두어야 한다. 그림보다는 이야기에 좀 더 많은 공을 들여야 하는 장르이다.

이외에도 웹툰 중에서 사랑받는 장르로 누아르와 액션물이 있다. 평면적인 웹툰이지만 주인공들의 움직임과 구도, 배경에 그려진 집중 사선 등을 통해 역동성이 최대한 느껴지게끔 그리는 웹툰으로 통쾌하고 빠른 전개가 특징이다. 주인공이 평범했다가 영웅으로 발전하는 이야기 혹은 특출한 능력의 주인공이 절대다수의 악을 이겨가는 이야기 등이 여기에 속한다.《나는 마도왕이다》《아도니스》《요신기》《메디컬 환생》처럼 주인공이 압도적으로 큰 능력을 갖추고 있어서 조력자 없이도 적을 이겨나가는 내용의 이야기는 별도로 '먼치킨물'이라고 칭하기도 한다.

메모의 요령

자기가 잘할 수 있는 장르를 정했다면 그다음부터는 본격적으로 무엇을 할 수 있을지 고민해야 한다. 그 첫 단계는 일단 메모이다. 생각이 많은 사람의 특징 가운데 하나가 생각'만' 많다는 것이다. 생각은 내가 자는 동안에도 계속

●● 플롯은 이야기 내에서 일어나는 사건의 논리적인 순서를 말한다. 구성이라고도 한다.

뇌 속을 떠돌아다니면서 나타났다 사라진다. 이 생각을 잡기 위해서는 그걸 끄집어내 고정하는 작업이 필요한데 그게 바로 메모이다.

아주 큰 실타래가 꼬여 있을 때 이를 푸는 방법은 두 가지가 있다. 긴 시간을 들여 끝을 찾아낸 후 차근히 다시 푸는 것과 그냥 칼로 싹둑 자르는 것이다. 생각만 깊이 하다가 '아 몰라' 하고 놓아버리는 것은 칼로 실타래를 뚝 끊어버리는 것과 같다. 하지만 일단 메모를 시작한다는 것은 생각의 끝, 그 실타래에 나온 한 줄의 실을 잡는 작업이다. 생각은 손으로 한 단어라도 쓰지 않으면 사라지고 만다. 그러나 한 단어라도 쓰면 그다음부터 차곡차곡 정리가 된다. 그러니 내 생각이 정리되지 않을 때는 먼저 머릿속에 떠오르는 것들을 모두 메모하는 습관을 가져보자. 그렇게 메모를 하다 보면 서로 연관성이 보이고 집중해야 할 점이 눈에 보인다. 생각은 눈에 보이지 않지만, 손으로 쓴 메모는 보이기 때문이다.

스토리 구성의 기본

메모까지 마쳤다면 그다음은 스토리를 구성하는 과정이다. 보통 스토리를 쓴다고 하면 대뜸 주인공의 대사부터 한 줄 쓰고 시작하는 경우가 많다. 하지만 스토리는 철저하게 구조를 짜고 그 구조에 맞춰 이야기를 배치하는 방식으로 이뤄져야 한다.

스토리에서 가장 중요한 것은 주제이다. 재밌는 것은 작품의 주제가 대놓고 드러나는 경우는 거의 없다는 점이다. 주제는 주장하는 것이 아니라 증명하는 것이다. 그러므로 작가는 주제를 계속 독자에게 말하기보다는 주인공이 사건을 대하는 태도, 다른 인물과 부딪히며 취하는 행동 등을 통해 증명하게 된다.

간혹 모험물이나 판타지물 등에서는 이 주제를 주인공의 입을 통해 대놓고 말함으로써 감동●을 주기도 하지만, 대부분의 장르물에는 주제가 숨어 있다. "우리의 우정은 영원해!"라고 주인공이 말하는 것이 아니라 친구를 감싸주고 묵묵히 기다리며 옆에서 함께 있음으로써 그들의 우정이 영원하다는 믿음을 전달하는 것이다. 그래서 스토리를 쓸 때 주제는 "A는 B다."라는 형식을 갖추어 문장으로 써야 한다. 만약 내가 잡은 주제가 사랑, 꿈, 희망, 우정이라면 이는 주제가 아니라 주제어에 불과하게 된다. 사랑이라는 단어를 두고 누군가는 '사랑은 아름답다'라고 생각할 수 있고

● 여기에서 감동은 '감동을 받았다'라고 표현할 때의 뭉클함이 아니라 말 그대로 감정의 움직임을 말한다.

누군가는 '사랑은 전부 거짓이다'라고 생각할 수도 있기 때문이다. 그래서 자신이 작업하는 작품의 주제를 잡을 때는 유치하더라도 반드시 짧고 간결하며 확실한 문장으로 잡는 것이 좋다.

주제를 잡았으면 그다음에는 주제를 표현할 장르를 정해야 한다. 내가 잡은 이야기가 어떤 장르에 잘 어울리는지를 결정하고 장르의 특성에 맞게끔 구조를 짜는 과정을 거치면 어떤 이야기를 어떻게 말할 것인지에 대한 큰 뼈대는 세워진다. 반드시 이 뼈대가 먼저 세워져야 그다음 순서인 소재 찾기와 갈등 구조 만들기가 이뤄진다. 간혹 이야기의 소재가 특이해야 좋은 작품을 만들 수 있다고 생각하지만 그건 아니다. 웹툰의 장르 중 1, 2위를 다투는 주제가 일상, 유머, 로맨스처럼 우리 실생활과 닿아 있는 이야기들이다. 사람들은 아주 새롭고 특이한 이야기보다는 자신과 관련된 이야기, 좀 더 쉽게 공감할 수 있는 이야기, 자신의 상황을 이입해서 함께 즐길 수 있는 이야기에 더 열광한다.

그래서 소재를 고를 때는 자극적이고 특이한 것보다 주변에서 쉽게 찾을 수 있는 이야기를 먼저 고르는 편이 좋다. 평범한 소재라도 배경과 주인공의 성격에 따라 얼마든지 특이하고 새롭게 풀어낼 수 있기 때문이다. 예를 들어, '좀비'는 이미 수년 전부터 다양한 매체를 통해 반복적으로 소비된 소재이다. 하지만 똑같은 좀비를 가지고도 이야기를 풀어가는 방식은 다르다. 가령,《극야》라는 작품은 남극을 배경으로 특수요원 출신의 주인공이 생존해 가는 이야기이고,《데드데이즈》는 평범한 주인공이 도심의 좀비들 사이에서 살아남는 이야기이다.

이 두 작품이 같은 소재를 가지고 현대를 배경으로 한다면《만능잡캐》라는 작품은 현대이면서도 아포칼립스*적인 세계관을 배경으로 하는 헌터물이자 전투물이다. 반면 똑같은 소재인 좀비를 다루는 아포칼립스 세계관을 기반으로 하지만, 강풀 작가의《당신의 모든 순간》처럼 로맨스 장르의 작품도 있다. 이처럼 소재가 같아도 그 배경과 장르에 따라 완전히 다른 분위기의 작품이 나올 수 있다. 주제를 잡고 장르를 정한 후 작품을 전개해야 하는 이유가 여기에 있다.

소재를 찾았으면 다음에는 갈등 구조를 만들어야 한다. 갈등은 쉽게 말해 스토리를 끌고 나가는 힘의 원천이다. 이는 장르마다 차이가 있기도 하고 작가의 성향에 따라 달라지기도 한다. 예를 들면 남녀 주인공이 싸우는 장면이더라

• 멸망 이후의 세계 혹은 모든 것이 망하고 난 후 새로 만들어진 세계를 말한다. 좀비물이나 공포물 세계관에서 많이 활용되고 하나의 장르로 인정받기도 한다.

도 메뉴를 정하지 못해서 싸우는 것과 각각 자신이 속한 국가를 대변하면서 싸우는 것은 싸움의 심각한 정도가 달라진다. 즉 갈등의 깊이와 무게가 완전히 달라서 독자가 느끼는 심각성도 달라진다. 보통 로맨스나 코미디, 일상툰의 갈등은 잔잔한 편이다. 인물 간에 생기는 관계적 갈등이나 심각해 봐야 개인이 제도와 부딪히는 정도에 그친다. 하지만 모험, 추리, 미스터리, 스릴러 등의 장르에서는 그 갈등의 정도가 커진다. 나라를 지키는 것과 가족을 지키는 것 사이에서 갈등하기도 하고 세계관 전체와 대립해서 싸우기도 한다. 갈등은 그 크기가 클수록 스토리의 길이가 길어지고 주인공이 처하는 위험도 커진다.

주제와 장르를 정하고 소재 선정과 갈등 요소를 정하고 나면 이 모든 것을 품고 극을 진행해 나갈 주인공을 결정해야 한다. 주인공의 성격과 나이, 가지고 있는 능력 등을 정하는데, 이때 주인공의 위치를 동경의 위치에 둘 것인지 혹은 동의의 위치에 둘 것인지를 먼저 결정하는 편이 좋다.

동경의 주인공은 흔히 '먼치킨'이라고 불리는 웹툰 세계의 영웅이다. 절대적인 능력치를 통해 몰려오는 고난과 위험을 물리친다. 굳이 함께하는 동료도 필요 없을 정도로 뛰어난 능력을 소유했지만, 내적으로는 고독함, 쓸쓸함, 외로움 혹은 과거에서부터 경험해 온 트라우마를 겪으며 외적인 갈등보다는 내적인 갈등으로 괴로워하는 경우가 많다. 우리가 흔히 알고 있는 고독한 영웅들이 웹툰에서는 동경의 대상인 주인공으로 정해진다.

반면 동의의 주인공은 우리 주변에서 볼 수 있는 흔한 인물이다.《패션왕》의 우기명 같은 주인공이나《여신강림》의 인물들, 그리고《유미의 세포들》에 나오는 주인공들은 우러러보는 동경의 대상이 아니라 어디서나 볼 수 있는 동의의 인물에 가깝다. 다만 이런 평범한 인물들이 판타지 세계에 떨어지거나 극한 상황의 배경에서는 점점 성장하는 동경의 인물로 바뀔 수 있는데 이런 장르를 성장물이라고 한다.

이처럼 웹툰의 스토리를 쓰기 위해서는 우선 스토리가 가진 기본 요소를 알고 이를 구조적으로 배치할 수 있어야 한다. 스토리는 즉각적인 결과물이나 천재적인 산출물이 아닌 많은 자료를 기반으로 만들어지는 정교한 작업이다. 따라서 웹툰을 그리는 작가나 스토리 작가가 되고자 한다면 이와 같은 스토리의 특성을 알고 꼼꼼하게 적용해서 스토리 쓰는 연습을 해야 한다.

스토리 구성 요소

주제	· 스토리를 통해 말하고자 하는 단 하나의 메시지
감성	· 톤&매너, 장르를 만드는 방법
갈등	· 주제를 부각하기 위해 인물들을 대치시키는 요소
플롯	· 스토리를 낯설게 만들면서 익숙하게 하는 방식
소재	· 이야기에 개성을 더해주는 요소
인물	· 몰입과 공감의 대상
사건	· 주제 증명을 위해 갈등하게 하는 구체적 양상
배경	· 스토리에 빠져들게 해주는 시공간적인 범위

웹툰 작가처럼 세상 보기

스토리 전개와 더불어 웹툰 작가에게 중요한 요소가 바로 그림이다. 《프리드로우》《여신강림》《아가사》《모두 너였다》《낙향문사전》 같은 웹툰은 평균적으로 50~80컷의 그림으로 구성되어 있고, 100컷 이상이 될 때도 많다. 이 작품들은 매우 자세하게 그리는 웹툰에 해당한다. 거의 한 컷 한 컷이 완성된 포스터처럼 상세한 구도와 선, 색으로 이뤄져있다. 웹툰이라고 해서 모두 이런 종류의 완성도를 추구할 필요는 없다. 인물을 그리더라도 실사에 가깝게 그리는 작가가 있는가 하면, 단순한 선과 흑백 명암만으로 그리는 작가도 있다. 웹툰 작가 이말년의 대표작인《이말년 씨리즈》의 경우 회색 톤의 컬러링과 단순한 선 그리고 손 글씨로 작성한 대사체가 전부이지만 큰 인기를 누린 웹툰이다. 웹툰《수능일기》《오늘의 순정망화》《닭강정》등도 디테일의 완성도가 높은 그림체는 아니지만, 개성 있는 그림체로 사랑을 받았다.

따라서 그림을 잘 그릴 필요는 없지만, 일상생활에서 웹툰의 소재가 될 만한 것들을 선별하고 공부하는 노력은 필요하다.

특히 배경이나 구도는 오랜 시간 동안 공을 들여 학습하지 않으면 하루아침에 익숙해지기 어렵기 때문에, 평소에도 꾸준히 사진을 찍고 스케치를 하면서 자기만의 데이터를 모아두는 편이 좋다. 가장 간단한 방법으로는 흔하게 쓰는 드롭박스, 웹하드 등에 활용할 사진을 찍어 모아두는 것이다. 건물, 도로 등 작품에 필요한 배경을 찍어서 쉽게 찾을 수 있도록 각 폴더에 잘 저장해 둔다. 이후 실제로 작품에 들어갈 때 이 사진들을 기반으로 그림을 그려나가면서 조금씩 실력을 쌓는 것이다.

사진을 찍는 것도 좋지만 현직 웹툰 작가들 중에서는 직접 사생을 나가는 경우도 많이 있다. 특히 사람들의 움직임이나 서로 모여 있는 구도 등을 빠르게 스케치하면서 전반적인 분위기까지 담아내는 연습을 하는 것이다. 한 장소에 머물면서 지나가는 사람들, 풍경을 직접 스케치하고 사진으로 찍으면서 자신만의 데이터를 쌓아가는 것은 그림을 잘 그리기 위한 중요한 준비 단계이다.

그림 자료를 모으는 것만큼 중요한 것이 구도 공부이다. 구도는 작품의 몰입도를 높여주고 스크롤로 흐르는 웹툰의 전반적인 구조를 만들어 준다. 예를 들어 인물이 평면 구도로 그려진 웹툰은 마치 독자가 거울을 보는 듯한 단조로운 느낌을 주는데, 어느 순간 구도가 왼쪽에서 오른쪽으로 빠르게 흐르는 듯한 모습으로 바뀌면 그 순간 독자는 화면에서 역동감을 느끼게 된다. 특히 액션물의 경우, 구도에 따라 작품의 완성도가 달라지는 경우도 종종 있기 때문에 구도 공부는 중요하다. 가장 쉽게, 혼자서 할 수 있는 구도 연습은 무엇일까? 사진 위에 선을 그어보는 것이다. 입체감을 주기 위해 평면에 어떻게 선을 긋고 이를 표현하는지를 공부해 보는 것이다.

컬러를 쓰는 것도 마찬가지이다. 자신만의 컬러칩을 만들어 놓고 이를 작품에 어떻게 적용해 볼지 고민하는 시간이 반드시 필요하다. 사실 컬러는 많은 효과를 줄 수 있는 도구이다. 컬러별로 가지고 있는 특성과 의미가 있기 때문에 때로는 별다른 설명이 없이 컬러만으로도 장면의 분위기를 묘사할 수 있다.

똑같은 사람의 얼굴 그림이 있다고 가정해 보자. 어깨 정도까지 나온 상반신 그림인데 하나는 눈동자가 까맣게 칠해져 있고 다른 하나는 눈동자가 빨갛게 칠해져 있다고 해 보자. 컬러 하나가 바뀜으로써, 그 캐릭터의 종족이 달라진다. 직관적으로 빨간 눈동자를 가진 사람은 뱀파이어라고 생각하게 되는 것이다. 이처럼 컬러는 구구절절 설명하지 않고도 인물이나 분위기를 전달할 수 있는 좋은 도구가 된다. 컬러를 잘 활용하기 위해서는 우선 각 컬러가 지닌 기본 이미지를 알아야 한다. 컬러가 가진 이미지와 각 컬러가 어우러졌을 때 주는 효과는 다음과 같다.

똑똑하게 쓰는 컬러 매칭

컬러를 공부하는 데 가장 좋은 교과서는 자연이다. 자연에서 보는 컬러의 조화는 그 어떤 참고 자료보다 훌륭한 공부가 된다. 주황색과 검은색이 어우러진 독개구리는 그 자체만으로도 불편하고 무서운 느낌을 준다. 주황색과 검은색의 조화가 주는 강렬함을 차용해서 주인공의 옷에 적용한다면 그 주인공은 이미 그 조합의 옷을 입은 것만으로도 뭔가 치명적인 역할을 할 듯한 느낌을 준다. 노랑, 빨강,

주황 등은 검정을 만났을 때 가장 위험해 보이고 강해 보이는 컬러들이다.

이미지 컨설턴트인 강진주 씨는 저서에서 '컬러 커뮤니케이션'이라는 단어를 사용하면서 "여섯 가지 대표 컬러만 잘 알아도 자신이 원하는 이미지를 전달할 수 있다."고 말했다.• 대표 컬러 여섯 가지는 빨강, 파랑, 노랑, 주황, 초록, 보라인데 그중 가장 강렬한 힘을 나타내는 색깔은 빨강이다. 카리스마 있는 빨강은 검정, 흰색 등 대비되는 색과 쓰면 강렬한 인상을 줄 수 있다.

파란색은 비교적 지적이고 안정적인 색이다. 성공을 원하는 캐릭터에 파란색 옷을 입히거나 성격이 차분하고 냉정한 캐릭터가 파란색을 쓰면 알맞다. 보수적이고 안정적인 느낌을 주기 때문에 파란색을 많이 쓰면 편안한 분위기가 만들어진다.

노란색은 밝고 쾌활한 색이다. 웹툰 중에서 주인공이 2등신으로 귀엽게 표현되는 생활툰이나 일상툰과 같은 작품에서 주로 많이 사용한다. 아기들에게 적용하기 좋고 해맑고 다정한 느낌을 줄 수 있는 색이다. 어리고 귀여운 색이

•   강진주, 《이미지 커뮤니케이션》, 이야기고리, 2022

지만 가끔 개혁이나 혁신의 느낌을 줄 때도 노란색을 쓴다.

주황색은 따뜻하고 온화한 색이다. 노란색이 좀 더 어려 보이고 따뜻한 느낌을 준다면 주황색은 어른스러우면서도 다정하고 따뜻한 느낌을 준다. 배경에서 좀 더 포근한 느낌을 주고 싶다거나 인물의 성격을 좀 더 너그럽게 표현하고 싶을 때 주황색을 쓰면 좋다. 다만 앞에서 말했던 것처럼 이 주황색이 검은색처럼 강한 대비 효과를 주는 색과 만나면 다소 강해 보일 수 있다.

초록색은 자연과 가장 가까운 색이기도 하지만 인물에게 썼을 때 고집스럽고 단호해 보이게 만드는 색이기도 하다. 같은 초록색이지만 톤이 약간 다운된 올리브색은 자연적이고 편안한 느낌을 준다.

보라색은 가장 신비롭고도 예술적인 색이다. 판타지물에서 많이 사용되는 색이기도 하다. 마법을 부리거나 신비한 힘이 있는 대상은 신체 어딘가에 꼭 보라색이 쓰인다. 눈동자가 보라색이거나 의상이 보라색이다. 이 보라색은 변화를 표현하는 색이기도 해서 색감이 거의 없는 웹툰에서 이 보라색을 강하게 쓰면 빨간색, 파란색 등 원색을 쓰는 것만큼이나 강렬한 인상을 준다. 웹툰《방과 후 전쟁 활동》은 색을 최대한 쓰지 않고 흑백이나 옅은 갈색으로 전체를 다 칠한 듯한 화면으로 웹툰이 진행된다. 그러다가 핵심이 되는 소재에 진한 보라색이나 빨간색을 쓴다. 다양한 색을 쓰지 않았음에도 불구하고 선택된 색 하나만으로도 충분히 스토리 전달의 강약 조절이 가능하다는 사실을 알 수 있다.

작품에 따라 조금씩 달라지기는 하지만 웹툰을 오래 작업한 작가들의 경우 자신만의 컬러칩을 대부분 갖고 있다. 컬러칩은 선호하는 색을 모아둔 것인데, 작가의 개성에 따라 선호하는 색이 다르다. 어떤 작가는 선명하고 또렷한 색을, 어떤 작가는 중간 톤의 색을, 또 어떤 작가는 흐린 느낌을 선호한다. 디지털로 웹툰을 작업하는 작가들은 프로그램 자체에 자기가 많이 쓰는 색을 모아둔 팔레트를 가지고 있다. 처음부터 이 팔레트를 구성하기는 어렵겠지만 다양한 색을 써보고 자기 작품과 스타일, 취향에 맞는 색의 톤을 찾아가서 이를 하나의 개성으로 만드는 것도 웹툰 작가로서 해야 할 일이다.

이 팔레트는 단순히 작가의 개성을 표출하는 도구일 뿐 아니라 더 넓게는 작품 내에서 기승전결에 맞춰 어떤 색의 조합을 쓸 것인지를 미리 결정하는 데도 활용된다. 예를 들어 앞부분에서는 맑고 따뜻한 이야기로 펼쳐지다가 점점 스릴러로 바뀌어야 할 경우, 이야기가 진행되면서 사용되는 색은 앞부분과 완전히 달라진다. 웹툰을 진행하기 전에 시나리오뿐 아니라 이런 색의 진행까지도 함께 고려해서 기획해야 한다는 사실을 잊지 말자.

스토리 진행별 컬러칩 지정

스토리가 진행됨에 따라 달라져야 하는 메인 컬러를 모아둔 컬러칩이다.

좋은 아이디어를 정리하는 법

아이디어는 언제 어디서든 툭 튀어나온다. 이를 제대로 잡아서 끝까지 끌고 나가지 못해 사라지는 것일 뿐 우리 머릿속에서는 끊임없이 새로운 점들이 떠오른다. 이렇게 떠오른 아이디어를 실현하기 위해 제일 먼저 해야 하는 작업이 앞에서도 한번 이야기한 '메모'이다. 메모는 내 아이디어를 공상에서 현실로 끌어오는 가장 첫 번째 단계이다. 그렇다면 메모를 한 다음에 구체적으로 무엇을 해야 할까? 바로 마인드맵 그리기이다.

마인드맵은 키워드를 개연성 있게 발전시키는 생각 지도를 말한다. 핵심 단어를 중심으로 그 단어와 연관된 단

〈고구마룬〉 마인드맵 예시

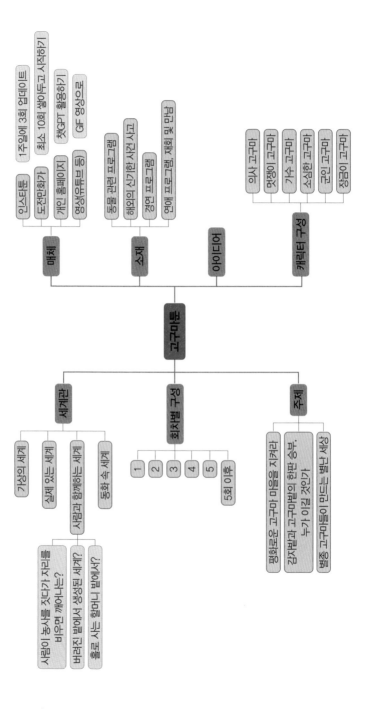

고구마룬

매체
- 인스타툰
- 도전만화가
- 개인 홈페이지
- 영상(유튜브 등)
- 1주일에 3회 업데이트
- 최소 10회 쌓아두고 시작하기
- 챗GPT 활용하기
- GIF 영상으로

소재
- 동물 관련 프로그램
- 해외의 신기한 사건 사고
- 경연 프로그램
- 연애 프로그램, 재회 및 만남

아이디어

캐릭터 구성
- 마초 고구마
- 맛쟁이 고구마
- 가수 고구마
- 소심한 고구마
- 군인 고구마
- 잠꾸러기 고구마

세계관
- 가상의 세계
- 실제 있는 세계
- 사람과 함께하는 세계
  - 사람이 농사를 짓다가 자리를 비우면 깨어나는?
  - 버려진 밭에서 생성된 세계?
  - 홀로 사는 할머니 밭에서?
- 동화 속 세계

회차별 구성
- 1
- 2
- 3
- 4
- 5
- 5회 이후

주제
- 평화로운 고구마 마을을 지켜라
- 감자밭과 고구마밭의 한판 승부, 누가 이길 것인가
- 별종 고구마들이 만드는 별난 세상

어를 쭉 나열하면서 브레인스토밍을 하는 것인데 다양한 무료 마인드맵 프로그램들을 활용하면 편리하게 작업할 수 있다.

가장 대표적으로 쓸 수 있는 무료 마인드맵 프로그램은 알마인드, XMIND가 있는데 쓰는 방법은 비슷하다. 마인드맵을 사용하면 키워드 아이디어를 발전시키는 것뿐 아니라 일차적으로 소재를 정리하는 데도 유용하게 활용할 수 있다. 쭉 펼쳐진 단어들 가운데 중심 내용이 될 만한 것들을 별도로 표시하거나 각 키워드가 웹툰의 어느 화에 해당하는지를 작가 나름의 기준으로 분류해 둘 수 있기 때문이다.

마인드맵을 사용해서 생각을 펼쳐놓았다면 이 생각을 구조적으로 정리하는 데는 엑셀 같은 프로그램이 편리하다. 특히 인물을 잡을 때는 마인드맵으로 인물에 대한 아이디어를 펼친 후 취사선택하고 정리해서 엑셀 파일로 만들어 두면 좋다. 그런 식으로 정리하면 자신이 만든 인물의 프로파일이 차곡차곡 만들어진다. 엑셀은 표 구성이 쉬운 프로그램이기 때문에 긴 회차의 호흡을 이어 나가야 하는 웹툰의 초기 구조를 만들 때도 편리하게 활용할 수 있다. 각 회차에 꼭 들어가야 할 이야기와 등장해야 하는 인물을 정리해 두면 중간에 흐름이 끊기거나 잊어버리는 일 없이 웹툰의 스토리를 펼쳐나갈 수 있다. 작업 진행에 필요한 소재나

참고할 만한 사이트도 함께 정리해 두면 작업 효율을 높일 수 있다.

캐릭터 구축 구성표		
연령대	10대	20대
주요 관심사	아이돌	반려동물, 유기견 =〉 사회문제
logline	"일찍 꿈 이뤄 돈 버는 아이돌이 짱이지. 시대를 대표하는 아이콘, 아이돌만 한 게 있어?"	"모두가 다정한 세상이었으면 좋겠어. 나처럼, 너처럼, 우리처럼."
기본 사항	• B형 • 물병자리 • 마른 근육질 • 키: 182~185cm • 몸무게: 76~85kg • 회색, 남색 좋아함	• AB형 • 전갈자리 • 보통 체격 • 키: 184~187cm • 몸무게: 75~80kg • 연두색, 주황색 좋아함
가족 관계	• 사업하는 아버지 때문에 외국에서 태어나 자람 • 엄마는 해맑은 자유방임주의자 • 꿈도 없고, 하고 싶은 것도 없는 형이 있음 • 집안 식구들 사이에 대화가 많은 편은 아님	• 회사원 아빠와 전업주부 엄마 • 외동아들, 반려동물이 형제나 다름없음 • 어렸을 때부터 반려동물을 계속 키웠음 • 친척과의 교류가 많지 않아 명절이 쓸쓸함

성장 배경	• 미주와 동남아에서 초등 4학년까지 보냄 • 아버지 사업 때문에 삶의 굴곡을 겪음 • 스스로 판단해야 하는 시간이 길었음 • 다양하게 만나는 형, 동생이 은근히 많음	• 서울 토박이 • 빌라와 아파트를 벗어나 본 적이 없음 • 공동 생활에 대한 경험으로 그쪽에 관심이 많음 • 엄마와 다니며 어른들의 얘기에 일찍 눈뜸 • 아빠는 주말에 보고 늘 엄마와 있는 편 • 엄마에게 다정한 딸 같은 아들
친구 관계	• 소수 정예 • 절친 하나가 있음	• 누군가를 미워하는 마음을 갖고 있는 것만으로도 힘들어함 • 남녀 가리지 않고 두루 친함
학교	• 일반 고등학교 • 수학, 과학 좋아함 • 체육 좋아함	• 4년제 대학 • 건축학과 • 게임엔진 수업 청강 중

장르별 스토리 공식

앞에서도 말했듯 웹툰에는 장르가 존재한다. 그리고 꼭 지켜야 하는 법칙은 아니지만 웹툰의 흐름상 암묵적인 약속처럼 구축된 장르별 스토리 공식도 존재한다. 사실 이 스토리 공식은 누가 만든 것도 아니고 꼭 이렇게 해야 한다고 정해진 것도 아니다. 하지만 우리 안에 기본적으로 이야기 DNA가 존재하는 것처럼 각 스토리를 보며 기대하는 바를 충족하는 단계라고 볼 수 있다.

예를 들어 여기에 오피스 로맨스 웹툰을 보려는 독자가 있다고 가정해 보자. 이 독자에게는 이미 '오피스물' '로맨스 장르'라는 두 개의 키워드가 입력되어 있다. 당연히 독자는 '오피스에서 벌어지는 사랑 이야기'를 기대하면서 웹툰 정주행을 시작할 것이다. 그런데 1화, 2화가 지나가도록 인물 설명만 나온다면 어떨까. 독자가 기대한 건 남녀 주인공이 서로 얽히며 벌어지는 로맨틱한 이야기 혹은 로맨틱으로 가기 위한 갈등인데 인물 소개만 상세하게 나온다면 점점 흥미가 떨어질 것이다. 그 뒤에 아무리 즐거운 이야기가 전개된다고 하더라도 이미 1, 2화에서 흥미를 잃고 더 이상 그 웹툰을 보지 않을 것이다.

여기에는 두 개의 핵심이 있다. 바로 웹툰이 연재물이라는 점과 장르물이라는 점이다. 즉 독자는 다음 회를 궁금해하고 이미 웹툰을 선택할 때 정해진 장르에 대해 기대한다. 그래서 웹툰을 그릴 때는 자신이 정한 주제와 장르가 어느 화에 어떻게 보여야 하는지, 얼마나 숨기고 얼마나 노출해서 다음 화를 궁금하게 만들어야 하는지를 잘 설계해야 한다. 더불어 암묵적으로 지키고 있는 각 장르물에 대한 특징도 이해할 필요가 있다.

로맨스물의 스토리 공식

먼저 로맨스물은 시기별로 트렌드가 달라지므로 현재 웹툰 트렌드를 좀 더 이해할 필요가 있다. 흐름에 따라 여자 주인공이 좀 더 주도적인 캐릭터여야 할 때도 있고 남자 주인공이 좀 더 주도적이어야 할 때도 있다. 하지만 불변인 것은 '남자 주인공은 넘사벽으로 멋있어야 한다'는 점이다. 로맨스 웹툰을 보는 독자들은 현실에서도 흔히 볼 수 있는 평범한 남자가 아닌 내 이상형, 어쩐지 한 번도 보지 못한 관계 설정과 캐릭터에서 설렘을 느끼고 싶어 한다.

별 볼 일 없는 남자 주인공이 환골탈태하는 과정을 그리고 싶다면 이 모든 변신이 1화 안에서 이뤄져야 로맨스 웹툰을 통해 느끼는 대리만족과 로망을 충족시킬 수 있다. 거의 대부분 3~5화 내에서 앞으로 나올 주요 인물과 그 인물들의 관계, 남녀 주인공이 처음으로 얽히는 사건과 주요 갈등이 모두 드러나야 다음으로 끌고 나갈 수 있다. 유료 웹툰의 경우 처음 3~5화 정도를 무료로 푸는 이유도 여기에 있다. 일단 독자가 답답하지 않게 큰 흐름을 짐작하게 만든 후, 이후 연재를 따라오도록 하는 것이다.

회귀물과 판타지물의 스토리 공식

회귀물이나 판타지물은 현실과 판타지 세계가 공존하거

나 오직 판타지 세계만 존재한다. 로맨스물보다 초반의 흐름이 좀 더 빠른 것이 특징이다. 배경 때문에 그렇다.

현실을 배경으로 한 일반 로맨스물이나 액션물 같은 웹툰의 경우 그 세계관을 굳이 설명하지 않아도 괜찮다. 주인공이 버스 정류장에 서 있으면 '아, 도시인가 보다' 짐작할 수 있고, 산길을 헤매면 '아, 등산하다가 길을 잃었구나' 하고 이해할 수 있다. 하지만 배경에 용이 날고 사슴이 말을 하며 쥐가 친구가 되는 세상이라면, 독자에게 그 세상이 어떤 세상이고 주인공이 이 세상에서 어떤 인물인지 혹은 어쩌다가 이 세상에 오게 되었는지를 설명해 주어야 한다.

물론 설명이라고 해서 내레이션이나 소설의 장면 묘사처럼 구구절절 얘기하는 것은 아니지만, 적어도 주변인과의 관계, 주인공의 미션, 조력자와 적대자, 세계관 정도는 5화 안에 충분히 설명되어야 한다. 특히 회귀물의 경우, 1화 정도에서는 현실의 답답한 상황들이 나오지만 2화부터는 바로 회귀한 세계로 들어가 주인공이 활동을 시작해야 지루함이 없다. 현실에서 풀어낼 이야기가 많을 경우, 중간중간 회상 처리로 설명을 대신하는 경우가 많고 대부분은 이럴 수밖에 없었던 이유를 빠르게 설명하고 본무대로 넘어가게 된다.

액션물은 무엇보다 주인공의 설명이 중요하다. 먼치킨물

의 경우에는 주인공이 어떻게 혼자 움직이고, 팀이라면 그들이 어떻게 이루어진 팀인지, 구성원의 능력치는 무엇인지 첫 사건을 통해 한 번에 보여주는 것이 일반적이다.《입학용병》《나 혼자만 레벨업》등의 웹툰 등이 좋은 예이다.

이런 공식에서 비교적 자유로운 웹툰이 일상툰이다. 일상툰은 작가가 주인공이 되어 자신의 일상을 담담하게 기술하는 장르라서, 하고자 하는 이야기에 따라 방식도 천차만별이 된다.

처음부터 작가 소개를 하고 차근차근 쌓아나가기도 하고 아예 에피소드 하나를 한 편으로 구성해서 피카레스크식●으로 소개하기도 한다. 때로 주변인을 캐릭터로 만들어 그들이 겪는 일상을 옴니버스식●●으로 함께 소개하기도 한다. SNS 웹툰 중《햄찌 인스타툰》같은 경우 각 회차가 10컷 내외로 구성되어 주인공은 모두 햄찌이고 에피소드가 회차별로 다르다.《개니와 마찌》역시 부부 캐릭터를 위주로 피카레스크식 툰을 연재하지만《햄찌툰》과는 달리 시리즈물은 아니다.《햄찌툰》은 단편 회차로 끝나지 않고 4~10회까지 연재 형식으로 툰을 이어 나가는 경우가 많

●   독립된 이야기에 동일한 인물이 등장해서 이야기를 끌어나가는 방식
●● 이야기마다 서로 다른 주인공이 등장하는 이야기 구성 방식

다. 《쭈구리 툰》 역시 쭈꾸미 캐릭터 페르소나를 입은 주
인공 중심으로 이야기가 펼쳐지지만, 에피소드에 따라 범
고래나 다른 캐릭터들이 나와 연재 형식으로 툰을 구성하
고 있다.

'텨다' 작가의 경우 아예 툰 이름도 《텨다의 일상》이다.
본인과 남편의 싱글 시절 소소한 에피소드부터 결혼, 출산,
육아에 이르기까지 일상에서 겪은 사건들을 일기처럼 웹툰
으로 그려 올리면서 독자들의 공감대를 형성하고 있다. 이
들 일상툰은 별도의 구성 법칙 없이 작가가 가장 자유롭게
그리고 올릴 수 있는 장르이다. 컷으로 된 일상툰이 아닌
스크롤 툰의 경우 보통 1회차가 하나의 에피소드로 구성되
어 완성되는 경우가 많다.

그림 시작하기

그림은 크게 선과 면으로 이루어져 있다. 선 긋는 작업이
뭐가 어렵겠냐 싶겠지만 그림에 익숙하지 않은 사람들은
선 하나 긋는 것도 쉽지 않다. 머릿속에서는 똑바로 잘 그
어질 것 같은 선도 직접 손으로 해보면 삐뚤어지고 기울기
십상이다. 특히 디지털 펜슬의 경우 누르는 압력에 따라서
선의 진하기, 굵기가 달라지기 때문에 선 긋는 작업에 익숙
해지는 데도 시간이 필요하다. 가로세로 사선을 자유자재

로 그을 수 있게 된 후에는 원 그리는 연습도 필요하다. 원형, 타원형, 뱅글뱅글 이어지는 달팽이형까지 특별히 의식하지 않고도 잘 그릴 수 있을 때까지 연습해야 한다.

선을 제대로 그릴 줄 아는 것이 중요한 이유는 웹툰이 단순 회화가 아닌 캐릭터가 이끌어가는 이야기라는 점 때문이다. 캐릭터는 일관성이 있어야 한다. 선의 형태와 선 내부를 채운 색이 일정해야 독자에게 동일 캐릭터라는 확신을 줄 수 있다. 매번 달라지는 그림이 되지 않으려면 기초가 튼튼해야 한다.

가끔 '이런 그림은 내가 발로 그려도 그리겠다!'라는 평을 받는 그림들도 있다. 그런데 실제 그 그림을 따라 그려보면 쉽지 않다는 것을 금방 깨닫는다. 반면 그 그림을 그린 작가에게 그림을 요구하면 언제, 어느 순간, 어느 때라도 동일한 수준의 그림이 나온다. 이는 그림을 못 그리고 잘 그리고의 수준 차이 때문이 아니라 기본기를 확실하게 다져온 작가들이 저마다 쌓아온 스타일을 다른 방식으로 발현하기 때문에 생긴다.

어설퍼 보이고 대충 그린 것 같은 선이 나오기까지 그 작가는 그 선을 수천 번 수만 번 그리고 또 그렸을 것이고 그 결과 '자신만의 스타일'이 숨어 있는 그림체를 가지게 된 것이다.

선을 제대로 그리는 것에서부터 그림이 시작된다면 웹툰 작가가 되기 위해 함양해야 할 자질 중 하나는 자신만의 스타일을 만들어가는 것이다. 앞에서도 말했듯 작가는 자기의 스타일이 있어야 한다. 이는 그림의 완성도, 회화적 가치와는 상관없다. 웹툰의 그림이 매력적인 이유이다. 정통 회화의 시점으로 보면 다소 유치하거나 생략된 그림, 과장되거나 축소된 그림도 만화라는 장르에서는 충분히 용인되고 오히려 개성으로 받아들여진다.

처음부터 완성형의 그림체, 스타일을 가지고 있다면 더할 나위 없겠지만 사실 전문 작가들도 그리면서 점점 그림이 발전한다. 거칠던 선이 정리되기도 하고 캐릭터들의 특이성이 하나씩 잡혀가는 식이다. 만약 웹툰을 시작하면서 어떤 스타일로 가야 할지 결정하지 못했다면 우선 좋아하는 그림체를 찾는 데 시간을 들여야 한다. 그림체는 독자가 웹툰을 보는 첫 번째 인상이다.

그림체는 크게 네 가지로 구분된다. 가장 사실에 가깝게 그리는 실사체, 동물이나 로봇 등으로 표현하거나 눈, 코, 입 및 신체 비율을 과장되게 그리는 캐릭터체, 감정적인 부분을 더 많이 드러내거나 다소 길쭉길쭉 늘씬한 비율로 묘사하는 순정체, 자유로운 선과 색으로 작가의 개성이 오롯이 드러나는 특화체 등이다.

실사체 느낌의 웹툰은《김부장(박태준)》《프리드로우(전선욱)》《송곳(최규석)》같은 작품들이 있다. 캐릭터체는《대학원 탈출일지(요다)》《선천적 얼간이들(가스파드)》《냥하무인(박성현)》같은 작품들이 있다. 로맨스 웹툰에서 가장 많이 볼 수 있는 순정체는《여신강림(야옹이)》《조조코믹스(이동건)》《탑코너(윤성/라군)》등이다. 마지막으로 작가의 특징이 가장 잘 드러나는 특화체는《마음의 소리(조석)》《이말년씨리즈(이말년)》《독립일기(자까)》《먹는 인생(홍끼)》같은 작품들이 있다.

사실 어떤 그림체가 더 좋고 나쁘다는 기준은 없다. 자기 작품이 어떤 성격인지에 따라 그림체를 적용하기 때문이다. 예를 들어 몹시 심각하고 큰 미스터리가 숨어 있는 스릴러물을 그릴 때는 아무래도 실사화풍의 그림체가 작품을 좀 더 살려준다. 2등신의 단순화된 캐릭터가 종종거리며 사건을 해결하기보다는 실사에 가까운 주인공에게 몰입하기 쉽기 때문이다.

그래서 실사체는 가장 다양한 장르에 쓰이고 있다. 섬세한 묘사가 가능하고 현실에 있는 것과 큰 이질감이 없어서 몰입하기도 좋다. 다만 그림 특성상 삭제와 과장보다는 세밀하게 묘사하고 정확하게 고증해야 한다. 인체의 비율, 표정, 근육의 뒤틀림 등 실제와 가장 흡사하게 그려야 하기 때문에 많은 공부가 필요하다. 실사체로 웹툰을 끌어나간 다고 해서 캐릭터체나 순정체를 아예 배제하는 것은 아니다. 심각하고 진지하게 실사체로 끌어나가다가 코믹한 장면이나 중간에 끼어드는 장면 등은 다른 그림체로 바꿔서 묘사할 수 있다. 일단 실사체의 기본을 갖추고 나면 이후 다양한 그림체를 활용하는 것이 가능해진다.

한 예로《마음의 소리》를 그린 조석 작가는 대부분의 작품에서 특화체된 자신의 그림체를 선보였다. 굵고 거친 선 안에 단색을 채우고 3등신 혹은 2등신으로 간결화한 인물과, 사람과 엇비슷한 크기의 동물을 표현하는 식이다. 하지만 그의 또 다른 작품《조의 영역》에서는 인체의 비율을 실사에 가깝게 묘사했다. 정밀한 묘사는 아니지만 배경과 인물을 모두 실사체에 가깝게 묘사했다. 이처럼 자신이 그리는 작품의 성격에 따라 그림체에 변화를 줄 수 있다.

나만의 그림체 찾아가기

웹툰 작가에게는 반드시 자신만의 그림체가 필요하다. 그리고 자기만의 그림체를 찾기 전에 기본기를 튼튼하게 다져야 한다. 그림의 기본기를 갖추면서 자기만의 그림체를 찾으려면 어떻게 해야 할까?

첫 번째 단계는 모방이다. 웹툰 작가나 만화 작가들에게 그림을 처음에 어떻게 시작했냐고 질문을 하면 대부분 "좋아하는 작가의 그림을 계속 따라 그렸다."라고 대답한다. 창조가 무에서 유를 만들어내는 것이라면 창작은 있는 것에 새로움을 더해 살짝 낯설게 만드는 과정이다.

기존에 자신이 좋아하는 작가의 그림을 보면서 자꾸 따라 그리다 보면 자연스레 그 작가가 쓰는 선과 색의 습관, 인체 표현 방식, 배경 구성 방식 등을 익히게 된다. 여기에 자기만의 스타일과 스토리, 캐릭터를 얹어서 그려보는 것이 웹툰 그림을 연습하는 첫 번째 방법이다.

두 번째는 세상의 모든 것을 만화화해서 그려보는 것이다. 일상에서 쉽게 접하는 버스나 택시, 자연물이나 건물을 만화로 어떻게 표현할 수 있을까 고민하면서 반복해서 그려본다.

세 번째는 거울 속의 나를 그려보는 것이다. 인물 그림은 수십 년간 웹툰을 비롯해 다양한 장르의 그림을 그려온 작가들에게도 쉬운 작업이 아니다. 정형화된 풍경과 달리 한 인물은 배경과 표정에 따라 완전히 다른 사람처럼 표현될 수 있기 때문이다. 2015년에 캐넌(Canon)이라는 사람이 데코이(Decoy)라는 실험 하나를 한 적이 있다. 몇 명의 사진작가를 섭외한 후 마이클이라는 사람의 인물 사진을 의뢰했는데 그 사진작가들에게 인물의 직업을 모두 다르게 알려주었다. 모델은 약간 머리가 벗겨진 중년의 풍채 좋은 남자 하나였지만, 사진작가들은 모두 남자의 직업을 다르게 알고 사진을 찍었다.

캐넌이 말해준 남자의 직업은 다양했다. 어부, 알코올의 존자, 백만장자, 범죄자, 구조대원, 심령술사였는데 놀랍게도 사진작가들이 찍은 사진은 모두 다른 사람을 찍은 것처럼 다양한 결과로 나왔다. 캐넌은 이 실험 결과를 두고 실제 이미지보다 그 이미지에 대해 가지고 있는 작가의 관점이 결과물에 더 큰 영향을 끼친다는 결론을 내렸다. 이는 웹툰 작가가 세상을 보는 관점과도 비슷하다. 이것이 바로 자신을 비롯한 세상의 다양한 대상을 그리는 연습이 필요한 이유이다.

만화는 실사와 다르게 단순함과 과장이 더해진 그림이다. 웹툰은 이 만화를 디지털로 작업해 웹상에서 표현하되, 그림에 스토리가 더해진 장르이다. 수많은 웹툰과 변별성을 가지고 자신의 스타일을 만들려면 '자신의 시각'으로 세상을 보고 옮기는 연습이 필요하다. 인물의 표정과 각도의 경우, 실제 그런 인물의 이미지 위에 내 캐릭터를 얹어서 그려보는 연습을 하는 것도 좋다.

다른 사람의 그림을 베끼면서 만화적 표현을 손에 익혔다면 자기 눈으로 본 세상을 자신의 방식대로 옮기는 연습

을 꾸준히 해야 한다. 그제야 비로소 웹툰 작가의 조건을
갖춘 셈이다.

캐릭터 그리기 연습

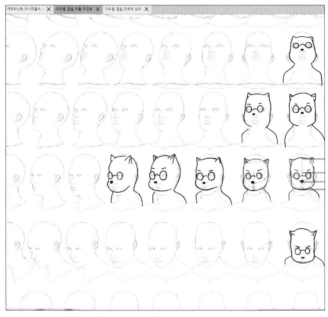

실제 인물을 바닥에 놓고 그 위에 내 캐릭터를 얹어서 연습한다.

*자료 제공: 조남훈 작가

웹툰 작가가
하는 일

아이디어 기획과 취재

웹툰을 그리려면 가장 먼저 무엇을 해야 할까? 그 첫 번째가 아이디어를 내고 이를 구체화해서 작품으로 기획하는 것이다. 아이디어는 누구나 낼 수 있다. 그런데 이 아이디어를 발전시키려면 구체적인 과정이 필요하다. 이 과정의 순서를 꼼꼼하게 짜는 작업을 기획이라고 한다.

기획은 전체적인 청사진을 설정하는 단계로, 그림과 동시에 세부 내용을 채워 넣어 작품이 흘러가는 방향과 방식을 결정하는 중요한 단계이다. 작품에 따라서는 이 기획만 수개월에서 수년이 걸릴 때도 있고, 기획해서 다른 요소들을 더하고 빼는 과정이 오래 걸리기도 한다.

대부분 아이디어를 내고 이것을 추진하는 과정을 기획이

라고 생각하지만 사실 기획이란 정교하고 세밀한 계산이 뒷받침되어야 한다.

일반적으로 콘텐츠를 기획한다고 하면 주제를 설정하고 주제에 맞는 자료들을 수집하는 것으로 시작된다. 이때 자료 수집에서 중요한 것은 현장성, 진실성, 증명성이다. 현장성은 살아 있는 자료, 생생한 자료를 말한다. 인터넷 검색창에서 검색하는 자료가 아닌, 직접 발로 뛰고 취재하고 보고 듣고 느끼는 자료들이어야 웹툰을 구성했을 때 생생함을 더할 수 있다. 웹툰 작가들 가운데서는 자신이 구상한 작품을 그리기 전에 장소를 섭외하고 그 장소를 사진으로 남겨서 자신만의 데이터를 쌓는 사람들이 많다.

《당신의 모든 순간》을 그린 작가 강풀은 작품을 위해 놀이터에서 노는 자신의 아이 사진을 찍기도 하고, 필요한 포즈를 취해 거울에 비친 모습을 참고하여 그림을 그린다고 한다. 같은 건물이라도 햇빛이 들어올 때와 어두워졌을 때 느낌이 다르므로, 만약 낮과 밤의 다른 분위기를 표현하고 싶다면 그곳을 시간대별로 기록하고 자료를 꼼꼼히 보관해 둔다.

특정 분야에 대한 스토리가 웹툰의 소재가 된다면 그 분야에 대한 취재도 필수이다. 직업군에 따라 쓰는 단어가 다르고 가져올 수 있는 소재도 제각각이기 때문에 관심 분야가 생기면 반드시 그 분야에 종사하는 사람을 여러 명 취재해 봐야 한다.

만약 의사가 주인공인 웹툰을 그리고 싶다면 당연히 의사를 취재해야 한다. 의사 중에서도 웹툰의 소재가 되는 과를 중점적으로 인터뷰하고 자료를 모아야 한다. 주변 인물들인 간호사, 환자, 원무과 직원, 병원 동료 등 주인공인 의사를 여러모로 파악할 수 있는 사람들을 모두 취재해야 입체적인 스토리를 구축할 수 있다.

취재가 마무리되었다면 그다음 기획 단계는 '순서도 만들기'이다. '고래등'이라고 불리는 순서도는 총 100화 내외의 웹툰에서 각 화에 어떤 내용을 넣을 것인지, 주인공의 감정선이 어떻게 움직일 것인지, 메인 스토리와 서브 스토리는 어떻게 서로 반응할 것인지를 한눈에 볼 수 있게 정리한 표이다. 전체적인 흐름을 고래등으로 그린 후, 각 화의 세부 내용을 고래등에 다시 표시해야 비로소 한 편의 웹툰을 시작할 준비가 마무리된다.

스토리 고래등 그리기

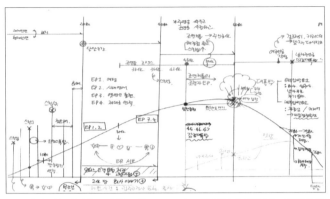

스토리의 기승전결을 고래등 모양으로 그리고 각 부분에 해당되는 내용을 정리한다.

글, 그림 콘티 짜기

큰 설계도를 그렸다면 이제 글과 그림으로 콘티를 짜야 한다. 보통 웹소설이나 일반 출판 도서의 경우, 고래등을 그린 후 전체적으로 내용을 짧게 정리한 '시놉시스', 시놉시스에 대사와 상황 묘사를 더해 좀 더 자세하게 작업한 '트리트먼트', 트리트먼트를 신(scene)별 혹은 파트별로 나눠서 플롯 구성을 함께 더한 '시나리오'의 순서로 작업한다. 그런데 웹툰의 경우 이 모든 것을 콘티 하나에 압축해서 작업하는 경우가 많다.

작가에 따라 콘티를 거의 그림에 가까울 정도로 정교하게 작성하는 경우도 있고, 큰 덩어리만 정리하는 경우도 있다. 어떤 것이 정답이라고 할 수는 없지만, 원칙적으로는 콘티가 정교할수록 작품의 완성도가 높아진다. 콘티라는 말 자체가 연속성(continuity)에서 나온 데서 알 수 있듯이, 콘티는 전체적인 얼개와 구조를 짜는 것이기 때문에 특히 글과 그림이 어우러져야 하는 웹툰에서는 중요한 과정이다.

콘티는 정해진 틀이 없다. 작가가 편한 대로 구성하면 되는데 우선 글 콘티의 경우 그림 없이 글로만 작성하는 형식이라 시간이 적게 걸린다. 그림 콘티는 대략적인 구도와 인물의 표정을 위주로 잡는다. 이때 흐름상 새로운 인물이 등장해야 할 경우 캐릭터가 등장하는 방향, 원근까지 콘티 내에서 표현한다. 얼굴의 경우 선이나 점 등으로 대략 표현하고 전체적으로 큰 덩어리를 배치해서 느낌만 주는데 이때 필요하면 말풍선에 대사까지 넣어 흐름을 점검한다. 대략 구획을 지어놓는 콘티는 그림 콘티 중에서도 '덩어리 콘티'라고 하고, 이보다 좀 더 자세한 콘테는 '디테일 콘티'라고 한다.

디테일 콘티는 채색 직전의 상세한 그림이라고 할 수 있다. 보통 혼자서 작업할 때는 디테일 콘티는 생략하는 경우가 많지만, 팀으로 작업할 때는 디테일 콘티가 필수이다. 콘티를 자세하게 그려야 배경팀, 인물팀, 채색팀, 효과팀이 각각 많은 부분을 그려낼 수 있기 때문에 디테일 콘티는 아주 정교한 작업을 할 때나 팀으로 작업할 경우 많이 그린다.

전체적인 흐름을 1차로 잡고, 2차에서는 대사를 구성한 후, 3차 콘티에서 컬러까지 지정한다.

콘티는 한 번에 완성하는 것이 아니라 여러 번에 걸쳐서

1차 콘티	2차 콘티	3차 콘티

*자료 제공: 조남훈 작가

수정한다. 보통 1차 콘티에서는 전체적인 흐름을 잡고 2차 콘티에서는 세부적인 내용을 다듬거나 놓친 부분을 보강한다. 3차 콘티에서는 대사를 중점적으로 검토하고 다음 회차로 넘어가는 지점을 고민한다.

계속 연재를 해야 하는 웹툰의 특성상 한 회에서 진행하는 이야기의 분량과 그 이야기 속에서 이뤄져야 하는 기승전결, 그리고 다음 이야기로 넘어가기 전에 궁금하게 만드는 마지막 장면의 구성은 특히나 정교하게 이어져야 한다. 이 흐름을 만드는 과정이 콘티 단계에서 확정되는데 스토리 내에서 흐름을 만드는 기술을 '플로팅'이라고 한다.

플롯 구성, 플로팅하기

이야기의 재미를 주는 플로팅은 아이디어 단계에서는 만들어지기가 어렵고 콘티를 구성하면서 설계된다. 플로팅은 플롯을 사용해서 이야기에 강약을 주는 일종의 구성 기술이다. 그리고 플롯은 이야기의 구조를 의미한다. 쉽게 말해서 플롯을 구성하는 플로팅을 통해 이야기의 흐름을 꾸려나가야 하는데, 이 플로팅은 스토리에서 가장 중요한 요소 중 하나일 뿐 아니라 쉽게 익숙해지기 어려운 부분이기도 하다.

간단하게 말하면 플롯은 이야기를 총 다섯 단계로 쪼개

는 것에서 시작한다. 발단, 전개, 위기, 절정, 결말이다. 특히 웹툰은 호흡이 길기 때문에 몇 화까지는 발단, 몇 화에서 어디까지가 전개, 이런 식으로 구획을 나누어 주어야 지루하지 않게 극을 진행할 수 있다. 다섯 개의 단계에 맞춰 전체 회차를 나누어보면 그 안에서 해야 할 미션도 정확해진다.

예를 들어, 총 120화를 기준으로 해서 플롯을 나눠보자. 10화까지가 발단, 11~80화 정도가 전개, 100화 정도까지의 위기, 110화 정도가 절정, 남은 10화에서 결말을 내는 것이 보통이지만 이 역시 정해진 공식은 아니다. 장르와 스토리 특성에 따라 위기와 절정이 한꺼번에 몰아칠 수도 있고, 전개 안에서 위기와 절정이 반복될 수도 있다. 하지만 초반 5~10화 내에 독자가 알아야 할 정보는 충분히 다 줘야 한다는 점은 변함없다. 이 회차들을 통해 독자는 주인공이 누구인지, 어떤 사건 혹은 갈등에 맞닥뜨렸는지, 어떤 능력을 가졌으며, 해야 할 일은 무엇인지를 알게 된다. 특히 판타지물의 경우 초반 1~3화까지는 전체적인 세계관을 설명하는 데 공을 들인다. 이는 배경을 확실하게 세워야 그 이후에 진행되는 이야기가 타당성을 획득할 수 있기 때문이다.

현대물에서 까치가 갑자기 말을 하고 호랑이가 잔치를

열면 이상하지만, 그 배경이 판타지 세계라면 충분히 가능한 장면이다. 특히 판타지물은 다른 장르에 비해 플롯 구성에 앞서 배경 설명을 자세하게 해줘야 하는 편이다.

플롯 구성을 잘하려면 우선 비슷한 플롯을 많이 보는 것이 좋다. 공부하듯 어느 장르의 웹툰 중에서 소재가 비슷한 것을 골라 계속 정독해 보는 것도 좋다. 각 웹툰이 같은 소재를 가지고도 어떤 식으로 풀어냈는지를 흐름별로 한번 정리해 두면, 전체적인 구조를 파악할 수 있다. 그리고 이렇게 쌓아둔 자료는 자신의 플롯 자료가 된다.

예를 들어 주인공이 환생하는 내용의 웹툰을 그리고 싶다면, 다양한 환생물 가운데서도 어떤 종류의 환생물을 그릴 것인지를 결정해야 한다. 배경에 따라 로맨스 환생, 무협 환생, 판타지 환생, 현대물 환생 등의 장르를 결정하고 그 안에서도 주인공이 능력자인지 혹은 평범한 캐릭터인지에 따라 스토리를 어떻게 전개하는지를 보는 것이다.

이때 대략 몇 화에서 주인공이 환생을 깨닫는지, 조력자나 안타고니스트(antagonist)●는 어느 시점에 나오는지, 주인공에게 첫 미션이 떨어지는 시점을 정리하다 보면 전반적

●　주인공을 괴롭히는 적대자

인 웹툰 문법도 함께 파악하게 된다.

플롯을 구성한 다음에는 이 플롯을 쭉 늘어놓고 순서를 바꿔보는 작업을 해보는 편이 좋다. 독자들은 이미 수많은 웹툰을 보고 웹툰에 기반한 다양한 매체를 접한 사람들이다. 즉 요정, 왕족, 기사, 공주 정도만 나와도 대충 그 이야기가 어떻게 흘러갈 것인지 짐작할 수 있다. 숲에서 피를 흘린 채 헤매던 소년이 낯설고 친절한 남자를 만나 무술을 배우기 시작하는 장면에서 그 소년이 어떻게 클지 이미 짐작하고 있다. 이미 다양한 플롯에 대한 학습이 충분히 되어 있기 때문이다. 이는 우리에게 본능적으로 이야기꾼의 기질이 있고, 그래서 이야기 구조를 파악할 능력이 있다는 증거이다. 독자들의 이런 예상을 뛰어넘기 위해서는 이야기를 살짝 한 번 비트는 재주가 필요하다.

이 재주가 바로 플로팅이다. 플로팅은 플롯을 짠 후 그 순서를 바꾸어봄으로써 이야기의 긴장감을 더해주는 것을 말한다. 때로는 알고 싶은 것을 제일 앞에 갖다 놓고 "자, 이게 결론이야. 그렇다면 이 결론이 나오기까지 어떤 사건이 있었는지 들어볼래?"라고 이야기를 끌어갈 수도 있고 모든 자료와 증거와 정황을 하나하나 따라간 후, 가장 마지막에 "그래서 이게 결론이었어." 하는 식으로 마무리할 수도 있다. 그래서 플로팅만 잘하면 익숙한 소재와 주인공일

지라도 독자에게 새롭다는 인상을 줄 수 있다.

플로팅을 잘하는 비결은 따로 있지 않다. 이야기의 구조를 만든 후 자꾸 바꿔보고 스스로 점검하기, 필요한 경우 주변 사람들의 의견을 들어보며 변경해 보는 것이 가장 원시적이지만 제일 좋은 방법이다. 웹툰 플로팅의 경우 먼저 한 편에서 풀어내는 이야기를 간단하게 정리한 메모지를 쭉 늘어놓고 사건의 순서를 바꿔보는 것을 추천한다.

처음에는 A라는 이야기를 앞에 놓는 편이 좋을 거라 생각했더라도, 전체를 늘어놓고 이야기를 전개해 보면 A보다는 C를 앞으로 가져오고 B와 A 사이에 갈등과 미스터리를 하나 더 넣는 편이 낫겠다고 판단하게 된다. 이 과정을 통해 이야기는 더 정교해지고 웹툰은 더 흥미로워진다. 짧게는 수십 회, 길게는 1,000회 이상 끌고 나가야 하는 연속성을 가진 분야이기 때문에 더 필요한 것이 바로 플롯이다.

그림 그리기

콘티와 플롯 구성을 통해 큰 그림을 그렸다면 이제 본격적으로 그림을 그릴 차례이다. 웹툰의 그림 요소는 크게 인물과 배경으로 나눌 수 있다. 웹툰에 따라 배경을 모두 없애고 오직 인물의 표정과 대사만으로 극을 끌어갈 수도 있지만, 긴 호흡의 웹툰은 스토리 전달의 섬세성과 몰입도를 위해서 배경 작업이 대부분 필요하다.

최근 많이 보는 인스타툰은 한정된 공간과 컷툰의 특성상 길게 이어지는 줄거리 위주의 작품이 아닌 단편이 많기 때문에 배경이 삭제된 채 색으로만 장면을 전환한다.《로라의 그림일기》《이연필 툰》《오늘의 다은》등의 작품을 보면 배경 없이 하얀 화면으로 되어 있다. 가끔 강조해야 할때만 강한 컬러로 배경을 채울 뿐 굳이 다른 그림을 그려넣지는 않는다. 이는 일상툰이나 에피소드 위주로 이루어진 인스타툰의 특징이기도 한데, 인물과 대사에 집중해야하는 툰의 특성상 배경이 자칫 분산되어 보이거나 혼잡해보일 수 있기 때문이다.

하지만 길게 스크롤링을 해서 보는 웹툰의 경우 배경은독자가 그 작품에 빠져들게 하는 중요한 그림 요소이다. 작품에 따라서는 건물 하나를 그리더라도 한 화면에 들어오게 배치하는 것이 아니라 과장되고 긴 모습으로 스크롤을쭈욱 내리도록 배치함으로써 작가가 독자에게 전해주고 싶은 느낌을 배경에 담기도 한다. 특히 배경 그림은 자료조사가 중요해서 최대한 많은 자료를 보고 참조해서 그리는 연습이 필요하다.

배경과 더불어 인물 그리기가 익숙해졌다면 이제 콘티에맞춰 그림을 그리고 채색을 시작하면 된다. 디지털로 작업하는 웹툰들은 대부분 컬러 팔레트 안에서 작가가 색을 고르고 원하는 효과를 낼 수 있는 브러시를 활용한다. 브러시는 일반 회화에서 쓰는 단순한 붓이 아니라 원하는 효과를 낼 수 있도록 도와주는 도구이다. 그림에 다양한 효과를 주는 브러시를 활용하면 웹툰을 그릴 때 적절한 효과를 더해줌으로써 작품의 완성도를 높일 수 있다.

효과 적용하기

기존 웹툰이 단순히 화면에 얹힌 만화의 형태였다면 2011년에 네이버를 통해 처음 선보인 호랑 작가의 《옥수역 귀신》은 특수효과가 적용된 웹툰으로 큰 인기를 얻었다. 그전에도 웹툰을 보면 그 끝에 음악이 나오거나 간단한 영상이 첨부된 경우는 있었다. 그런데 《옥수역 귀신》은 웹툰을 보면서 스크롤을 내리면 어느 순간 그림 한 부분이 움직이며 공포를 극대화하는 효과를 주었다. 이후 《봉천동 귀신》 등에서도 같은 효과를 쓰며 공포 웹툰의 변곡점을 만드는 동시에 효과가 적용된 웹툰의 시작을 열었다. 《고고고! 해골물의 비밀(하일권)》이나 《악의는 없다(환쟁이)》 같은 작품은 아예 일정 장면에서 웹툰을 보는 디바이스가 진동하고 화면이 움직이기도 했다.

이런 효과툰을 만들기 위해서는 원래 IT 분야에 대한 지식과 프로그램을 다룰 능력이 있어야 한다. 몇 년 전부터 각 포털에서는 웹툰 작가들이 효과툰을 좀 더 쉽게 만들 수 있도록 다양한 효과 에디터를 제공하고 있다.

효과 에디터를 사용해서 입체감 있는 웹툰을 그리는 방식 외에도 일반적인 이미지 효과는 포토샵에서도 충분히 구현할 수 있다. 특히 다양한 의상이나 배경에 쓸 수 있는 브러시와 패턴을 온라인에서 다운로드받을 수 있고 이 브러시와 효과를 사용해서 완성도 있는 웹툰을 완성할 수 있다. 대표적인 포토샵 브러시 사이트는 브러시 킹(www.brushking.eu), 마이 포토샵 브러시(https://myphotoshopbrushes.com/), 큐 브러시(https://qbrushes.net/) 등이 있다. 대부분 라이선스가 자유롭고 무료 다운로드가 많지만 상업적 용도를 제한하는 것들도 있으니 브러시를 쓰기 전에 반드시 사용 가능 범위를 확인해야 한다.

마음에 드는 패턴과 브러시를 다운로드받으면 포토샵 옵션에서 설정한 후에 사용할 수 있다. 브러시를 사용하면 그림만으로는 표현하기 어려운 효과를 줄 수 있다. 예를 들면, 잔상이 남을 정도로 빠른 움직임, 뿜어내는 불꽃이나 연기, 한 부분이 빛나는 효과나 번개처럼 섬광이 일어나는 듯한 느낌 등을 줄 수 있다.

포토샵이나 효과 에디터가 너무 어렵다면 가장 쉽게 줄

수 있는 선 효과를 쓰는 방법도 있다. 배경에 방사형으로 빼곡하게 선을 그으면 집중된 느낌을 준다. 한쪽이 흐린데 다른 한쪽이 진한 가로선은 움직임을 표현해 준다. 똑같은 인물을 가운데 놓고 배경 선만 다르게 표현하는 것만으로도 충분히 효과를 낼 수 있다.

선으로 어떤 효과를 낼까?

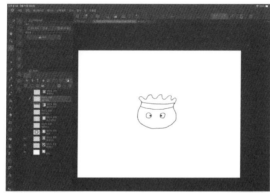

효과를 넣지 않은 경우

긴 선으로 속도감 표현하기

짧은 선으로
집중도
표현하기

두 가지
선을 더해
속도감과
집중도 높이기

그림을 못 그리는데 웹툰 작가가 되고 싶다면

그림을 잘 그리고 못 그리는 기준은 사실 명확하지 않다. 위대한 화가 피카소도 처음에 그림을 그렸을 때 대체 저게 무슨 그림이냐는 조롱을 받았고, 점과 색의 마술사인 고흐 역시 살아생전에 그림을 인정받지 못했다. 그림을 보는 기준이 명확하지 않은 것은 만화 시장도 마찬가지다. 인체 묘사나 표정 등이 실제와 흡사하게 그려지고, 배경과 비율이 정교한 그림이 주목받던 시대가 있었지만, 지금은 그 기준이 모호해졌다. 작가의 개성과 스타일을 더 중시하는 분위기이고, 독자 역시 자신의 취향에 맞는 작품을 골라 볼 수 있는 시대가 왔기 때문이다.

특히 웹툰은 교과서적으로 잘 그린 그림에서 조금 거리가 먼 장르이다. 물론 회화적인 능력이 뛰어나서 어떤 그림이든 훌륭하게 소화할 수 있다면 자신이 그릴 수 있는 웹툰의 장르와 범위가 더 넓어지겠지만, 그림을 못 그리는 이유 하나만으로 웹툰 작가의 꿈을 포기하지 말자.

웹툰에서 그림은 표현 방식이기 이전에 작가가 세상을 관찰하고 보여주는 도구이다. 즉 스킬은 연습으로 발전시킬 수 있지만 작가의 '눈'으로 세상을 보고 이를 그림이라는 도구를 통해 보여주는 건 작가 자신만의 세계를 만들 수 있어야 가능하다. 그러므로 그림 실력을 걱정하기보다 자기 자신과 다른 사람, 세상에 벌어지는 여러 일들을 면밀하게 관찰하는 습관을 들여보자.

많이 보지 않으면 표현하는 것도 적어진다. 이는 큰 항아리에 물을 담는 것과 같다. 집채만 한 항아리에 물을 담다 보면 순간 답답한 시간이 찾아오기도 한다. 대체 이 큰 항아리에 물을 언제 다 담을지, 혹은 담기고는 있는지 볼 수도 느낄 수도 없는 막연한 시간이다. 하지만 어느 순간 항아리가 가득 차면 그때부터는 밖으로 철철 물이 넘쳐흐르는데, 작가의 역량 키우기도 이와 같다. 주변을 관찰하고 관찰한 것을 새로운 시각으로 한번 생각해 보면서 자신의 내면에 계속 쌓다 보면 어느새 그 누적된 아이디어가 밖으로 넘치게 되고 이때 연마한 기술을 발휘해서 작품으로 완성하면 된다.

인물을 그리고 싶은데 인체 구조가 너무 어려워 제대로 그리지 못하겠다면 일단 도형 그리기부터 시작해 보는 것이 좋다. 네모와 동그라미를 위아래로 바꿔가며 배치해 보는 것이다. 동그라미 아래 네모가 두 개 배치되면 머리, 상체, 하체의 비율이 비슷한 캐릭터를 그릴 수 있고, 동그라미 아래 동그라미 하나면 동글동글한 2등신, 동그라미 아래 네모 하나면 얼굴은 둥근데 몸은 각진 2등신을 그려볼 수 있다.

인체의 기본이 도형이라면, 배경의 기본은 따라 그리기이다. 특히 사진을 배경으로 놓고 그 위에 직접 그려보면 큰 도움이 된다. 실제로 배경을 그리기 위해 다양한 구도로 건물이나 배경 사진을 찍어 자기만의 데이터를 만드는 작가들도 많이 있다. 구도 연습도 마찬가지이다. 동일한 사물일지라도 보는 구도와 각도에 따라 다르게 보이는데 이는 상상으로 해결하기 어렵다. 실제로 보고 반복해서 관찰하면서 눈에 익히거나 자료로 남겨야 그림에 도움이 된다.

사람의 기억력은 한계가 있다. 상상도 흩어지는 것이 순식간이다. 그러므로 계속 관찰하여 눈에 익히거나 자료로 남기는 것 이외에도, 손이 기억하도록 수시로 손을 움직이는 습관을 길러야 한다. 마치 하면 할수록 점차 익숙해지는 노동처럼, 손이 기억하는 그림이 늘어날수록 내 그림 실력도 함께 성장한다.

처음에는 선을 세 개 긋는 것도 어색하지만 그 선을 백 번 긋고 천 번 그으면 눈 감고도 선을 그을 수 있는 때가 온다. 그리고 그 선을 연결해서 원이나 네모 등 형태를 그리는 것 역시 쉬워지는 순간이 온다. 이렇게 손에 기술을 익히는 건 시간을 들이면 반드시 보상이 온다. 이때를 기다리며 자기 안에 '웹툰 작가의 진정한 역량'이라고 할 수 있는 관찰에서 오는 통찰, 아이디어에서 오는 새로움을 쌓아두는 것이다.

만약 아무리 노력해도 정말 그림을 못 그리겠다면 스토리만으로도 충분히 툰을 유지할 수 있다. 둥근 얼굴에 선 몇 개로 표정만 바꾸고 그 위에 스토리를 얹어도 전달되는 내용만 분명하면, 툰으로서의 가치를 지니는 작품이 된다.

특히 페이스북이나 인스타툰은 작가의 감성에 공감해 주는 독자층을 확보하기 쉬운 매체 중 하나이니 그림에 자신이 없어도 일단 자신의 스토리를 풀어낸다는 마음으로 시작해 보자. 물론 처음에는 쉽지 않다. 막연하게 풀어내기만 하는 방식에 익숙해져 있다가 짧고 간결한 문장이나 대사를 쓰고, 게다가 이를 재구성해서 재미까지 더하는 일은 어쩌면 그림보다 더 힘든 일일 수 있다. 하지만 일단 시작하는 것이 중요하니 한 편이라도 기획해서 업로드해 보자.

　가장 중요한 것은 지금 그림을 못 그린다고 웹툰 작가의 꿈을 버리지 않는 것이다. 눈앞에 있는 것을 앞에서 보고 뒤에서 보고 옆으로 보면서 사물을 새롭게 한 번 더 보고 기억하는 것만으로도 이미 웹툰 작가로서의 첫걸음은 뗀 셈이니 말이다.

3장
웹툰 작가로
살아간다는 것

웹툰 작가의
좋은 점

웹툰 작가라서 가장 좋은 점은 좋아하는 일을 할 수 있다는 것이다. 이는 직업적 관점에서 봤을 때 굉장히 큰 장점이다. 돈을 벌기 위해 일하는 것이 아니라 자신이 좋아하고 즐거워하는 일을 해서 돈을 벌 수 있다는 것은 행복의 중요한 요소이다. 웹툰 작가야말로 이 조건을 충분히 충족하고 있는 직업군이라 할 수 있다. 또한 팬들과 소통하면서 다양한 사람들을 만나고 그들의 시각으로 세상을 보는 기회를 얻는 것도 웹툰 작가가 누릴 수 있는 장점이다.

무엇보다 자신이 창작한 작품이 생명을 얻어 세상에 나오고 독자들이 그 작품에 응원과 지지를 보내고 작가의 창의성에 동의해 준다는 점 그 자체가 웹툰 작가로서 느낄 수 있는 가장 큰 기쁨이다.

거대한 세계관을 가진 슈퍼 IP

웹툰 작가가 되면 캐릭터 비즈니스를 할 기회가 늘어난다. 웹툰에 나온 캐릭터가 그 자체로 힘을 얻어 캐릭터로서의 생명을 가지게 되면 이 이후부터는 완전히 다른 비즈니스 세계가 펼쳐진다.

콘텐츠가 가진 비즈니스적 성질을 IP라고 한다. IP는 Intellectual Property의 줄임말로 소유권이나 지식재산권을 말한다. 일반적으로 애니메이션 캐릭터의 상품화를 말할 때 IP 확보, IP 활용이라고 말하는데 최근에는 웹툰을 대상으로 한 IP 확보 경쟁이 훨씬 더 치열해졌다.

이는 웹툰이 '원천 스토리'를 가진 콘텐츠이기 때문이다. 평범한 콘텐츠와 캐릭터는 활용도 한계가 있다. 기껏해야 영화나 드라마 정도이다. 하지만 웹툰 중 거대한 세계관을 가지고 있고 캐릭터에도 확장성을 가진 작품들은 그 활용이 무궁무진하다. 세계관을 기반으로 한 게임, 인물 캐릭터를 활용한 NFT(Non-Fungible Token, 대체 불가능한 토큰, 희소성을 갖는 디지털 자산을 대표하는 토큰) 발행, 웹툰의 에피소드를 활용한 공연, 드라마, 영화 및 캐릭터별로 스토리를 다르게 풀어내는 것도 가능해진다. 이는 거대한 세계관을 가진 콘텐츠만이 할 수 있는 슈퍼 IP인데 웹툰은 가장 쉽게 이 슈퍼 IP의 원천 콘텐츠가 될 수 있는 수단이다.

웹툰은 아니지만 슈퍼 IP의 예로 들 만한 콘텐츠가 바로 《마블 시리즈》이다. 마블 시리즈는 팬들도 다 파악되지 않을 정도로 그 세계관이 넓고 크다. 우주의 신비한 존재에서부터 비운의 영웅, 평범함을 입은 영웅에서 천재까지 다양한 캐릭터가 나오는데 그 캐릭터(캡틴 아메리카, 토르, 아이언맨, 스파이더맨 등)는 각각의 세계관 안에서 움직이고, 같은 세계관에서 함께 움직이기도 한다. 《어벤져스 시리즈》 등이 여기에 해당된다. 혹은 별도의 드라마(텔레비전 시리즈 《완다비전》《토르》《호크아이》 등)를 통해 다른 관점에서 풀어내는 시도를 하고 있다. 놀라운 사실은 이 마블의 세계관이 영화가 아니라 코믹스, 즉 만화에서부터 시작되었다는 점이다. 만화에서 만들어진 세계관이 슈퍼 IP로 다양한 매체를 통해 구현되었는데 지금의 웹툰 역시 이와 다르지 않은 흐름을 보여주는 추세이다.

무한대로 확장된다

앞에서 말한 것처럼 캐릭터 그 자체로 IP를 확보하는 웹툰은 다양하게 확장된다. 캐릭터 비즈니스를 기본으로 해서 다양한 상품이나 이모티콘으로 제작되기도 한다. 일반 회화 작품처럼 웹툰의 주인공을 그림으로 그려 판매할 수도 있고 NFT 발행도 가능하다.

이 모든 과정이 작가의 의지대로 이루어지는 자율성은 '작가'이기 때문에 가질 수 있는 특권이고 작가라는 직업의 매력이라고 할 수 있다.《미생》《스위트홈》《킹덤》《승리호》 등처럼 원작으로 먼저 세상에 나온 웹툰이 드라마로 만들어지는 경우도 있고,《이상한 변호사 우영우》처럼 드라마로 나온 작품이 역으로 다시 웹툰이 되기도 한다.《이두나!》처럼 웹툰의 주인공이 음원을 내기도 하고《나 혼자 레벨업》 같은 웹툰은 오히려 독자들의 청원으로 애니메이션이 결정되기도 했다.

이처럼 웹툰은 상호 보완적이기도 하고 미처 드라마나 영화에서 세밀하게 표현하지 못한 에피소드나 감정을 자세하게 전해주는 등 하나의 IP를 가지고 다양한 방식으로 전개하는 데 좋은 매체이다.

흥미와 관심을 끌고 소재를 스토리에 얹어 나갈 수 있다는 점, 기승전결이 있는 스토리를 갖기 쉽다는 점, 캐릭터가 한번 자리 잡으면 굳이 다른 대사나 이야기 없이도 캐릭터 자체가 지닌 본연의 스토리와 감정을 전달할 수 있다는 점, 세계관의 확장이 자유롭고 그 안에서 풀어나가는 이야기의 한계가 없다는 점, 그리고 무엇보다 독자와 긴밀하게 소통하며 상호 커뮤니케이션이 쉽다는 점 등 때문에 기업에서도 웹툰을 마케팅에 적극적으로 활용하고 있다.

창의성을 마음껏 펼친다

웹툰 작가로서 어쩌면 가장 희열을 느끼는 점이 바로 이 창의성의 증명이 아닐까. 심리학자 매슬로(Abraham Harold Maslow)는 인간의 욕구를 총 다섯 가지 단계로 구분했다. 가장 기본적인 욕구가 의식주, 수면에 대한 생리적 욕구이고, 그다음이 안전에 대한 욕구이다. 세 번째가 인정을 받는 소속감과 애정 욕구, 네 번째가 명예, 권력 성취에 의한 자존의 욕구이고, 마지막으로 가장 위에 있는 욕구가 자아실현의 욕구이다. 가장 아래에 있는 욕구가 충족되지 않으면 상위 단계의 욕구 충족이 어려워지기 때문에 제일 위에 있는 자아실현의 욕구가 채워지려면 생리적 욕구, 안전 욕구, 소속감과 애정의 욕구, 자존의 욕구가 차례대로 충족되어야 한다.

창작은 말 그대로 자신이 원하는 산출물을 만들어서 외부에 내보내는 작업이다. 이를 통해 타인에게 인정받고, 작가라는 타이틀을 가지면서 애정, 소속감, 자존 욕구가 채워지고, 궁극적으로 자아실현 욕구까지 채워진다. 즉 창작 행위를 통해 가장 높은 단계의 욕구를 실현하는 것이다.

특히 웹툰은 그 표현의 한계와 수위, 세계관의 표현에서 다른 어떤 매체보다 자유롭다. 기술적인 한계로 구현하지 못하는 영화나 드라마와 달리 그림으로 원하는 것을 다 표현할 수 있고 연령 제한에서도 자유롭다. 물론 플랫폼을 통해 연재할 때는 수위 조절이 이루어지고 터부시되는 내용에 대한 검열이 존재하지만 자유롭게 업로드가 가능한 자기만의 플랫폼에서는 이조차도 비교적 자유롭다. 이처럼 창의성을 펼치는 데 제한이 없다는 점이 웹툰 작가에게 가장 큰 장점이다.

웹툰 작가가
힘들 때

세상의 모든 것에는 양면이 있다. 창의적인 작업을 하고 가장 높은 수준의 욕구가 충족된다고는 하지만 웹툰 작가가 늘 행복한 것만은 아니다. 물론 다른 직업도 마찬가지겠지만 웹툰 작가 역시 작가라서 겪는 어려움이 존재한다.

우선 독자를 확보하기까지의 과정이 너무 길고 힘들며 자기 작품을 세상에 내보낸 이후 인기를 얻을 수 있을지 없을지에 대한 확신도 없다. 아무리 기술이 발전하고 창작을 도와주는 툴이 잘 갖추어져 있다고 해도, 결국 혼자서 (혹은 팀으로) 작업을 해야 하기 때문에 절대적이고 물리적인 시간이 필요하다. 직장인들이 불가피한 야근을 제외하고 규칙적인 출퇴근 시간 내에서 일하는 반면, 웹툰 작가의 업무 시간은 24시간이다. 자기가 스스로 시간을 조율하는 자율성이 있지만, 아무것도 하지 않으면 역시 아무 결과가 나오지 않기 때문에, 필요한 분량만큼 산출물이 나오도록 계속 작업을 이어 나가야 한다.

그 모든 작업이 학습된 것이거나 기계적인 것이 아닌 창작의 영역이기 때문에 고통도 만만치 않다. 무엇보다 누가 도와줄 수 없는 혼자만의 싸움이라는 점이 가장 힘들다.

누구나 찾아오는 매너리즘과 슬럼프

매너리즘(mannerism)은 17세기 초까지 유럽에 유행했던 회화 양식을 의미하는 용어였다. 르네상스와 바로크 사이의 예술 양식으로, 그 말의 어원도 이탈리아어의 '마니에라(maniera)'에서 유래했다. 마니에라는 스타일이라는 뜻이다. 이 용어가 쓰인 시기가 르네상스의 쇠퇴기였기에 여기에는 정신적인 위기, 퇴보, 모방에 대한 안일함 등의 부정적인 의미가 담겨 있었다. 그러나 현대에 와서는 형식 자체에 물들어서 발전이 없거나 현상 유지에 머물러 있는 상태를 의미하게 되었다.

그래서 창작하는 작가들이 더 이상 발전이 없고 그 상태에서 자기복제를 하고 있을 때 '매너리즘에 빠졌다'라고 말한다. 매너리즘은 소위 '인풋(Input)' 없이 뽑아내기만 했을 때 오는 현실 타격이다. 번아웃●도 비슷한데 휴식이나 다른 정보를 받아들일 시간이 없이 계속 창작했을 때 종종 겪는 증상이다. 심해지면 공황장애, 불안장애를 동반하고 아무것도 하지 못하는 슬럼프에 빠지기도 한다.

이를 예방하기란 쉽지 않지만, 최대한 매너리즘과 슬럼프를 겪지 않기 위해서는 반드시 규칙적인 작업환경을 갖추어야 한다. 웹툰 작가들이 혼자, 어디서나 작업할 수 있음에도 불구하고 집과 작업실을 분리해서 출퇴근 형태를 일부러라도 만드는 이유가 여기에 있다. 본인의 의지에 따라 집에서 작업해도 시간을 확실하게 지킬 수 있다면 상관없지만 사실 쉬운 일이 아니다. 그래서 일부러라도 작업 공간을 분리해, 창작과 휴식을 구분할 수 있는 환경을 만들어주는 것이다.

규칙적인 작업환경을 만드는 것 외에 지적이거나 감정적인 부분을 채울 수 있는 시간이 반드시 필요하다. 전시나 공연 감상, 책을 읽거나 영화, 드라마를 감상하는 것도, 혹은 자연 속에서 멍하게 머리를 비우는 것도 모두 창작을 위

● 탈진증후군. 의욕이 사라지고 육체, 정신 모두에서 극도의 피로감을 느끼는 상태를 말한다. 한 가지 일에 몰두하던 사람이 어느 순간 정점에 달한 피로에 의해 무기력, 자기혐오, 자포자기, 업무 포기 등을 겪는 증상이다.

해 마음과 머리에 공간을 만들어주는 일이다. 쏟아내기 전에 채우는 과정은 웹툰 작가에게 반드시 필요한 시간이다.

웹툰 시장은 변화가 빠르다

기존의 출판 만화에서 웹툰으로 매체의 플랫폼이 바뀌면서 만화 작가들이 대거 출판 만화에서 웹 시장으로 자리를 옮겼다. 과거의 작업 방식도 거의 사라진 상태이다. 출판 만화에서 그리는 만화와 디지털 환경에서 작업하는 웹툰은 그 형식과 칸의 구조, 흐름을 만드는 방식이 모두 다르다.

우선 출판 만화는 옆으로 넘기는 인쇄물이고 웹툰은 아래로 내려보는 스크롤물이다. 당연히 스토리의 흐름과 맺고 끊는 시점도 다르고, 하다못해 그림과 배경의 분위기도 모두 다르다. 전통적으로 하나하나 그리고 톤을 붙여가며 작업하던 작가들에게는 일주일에 최소한 한 편씩 업데이트해야 하는 웹툰의 속도를 따라가기가 버거울 수밖에 없다. 기존에 하던 익숙한 작업 방식에서 벗어나 디지털 기기들을 활용해 그리는 새로운 방식을 익히는 것도 쉽지 않다.

결국 빠르게 변하는 매체의 속도를 따라잡지 못한 많은 작가들이 만화의 역사 속으로 사라진 반면, 새로운 디바이스와 기술이 뒷받침된 작업 방식에 익숙한 신진 작가들은 계속 등장하고 있다. 세상이 변하는 속도에 맞춰 웹툰이 구현되는 매체도 빠르게 변한다는 것, 그 변화에 익숙해지고 발맞춰야 한다는 점은 작가들에게 도전의 희열감을 주기도 하지만 스트레스의 원인이 되기도 한다. 도태되는 순간 시장에서 잊히는 것은 순식간이다. 웹툰 시장은 어느 시장보다 변화가 빠르기 때문이다.

내 그림에 악플이 달릴 수 있다

대부분의 웹툰 플랫폼은 별점과 댓글 기능이 있다. 별점을 통해 내가 좋아하는 작가의 작품에 힘을 실어주기도 하고 댓글로 소통하기도 한다.

어떤 작가들은 댓글에서 본 독자의 의견을 작품에 반영하는 경우도 있고, 팬들과 적극적으로 소통하는 공간으로 댓글 기능을 활용하기도 한다. 하지만 댓글에 늘 좋은 얘기만 있는 것은 아니다. 창작자들은 자신의 작품을 보고 반응하는 사람들의 작은 말 하나에 상처를 받기도 한다. 특히 온라인 공간은 일차적인 익명성이 보장되는 곳이라, 이용자가 평소라면 하지 못할 못된 말, 나쁜 표현을 함부로 하기 쉽다. 자신의 댓글을 읽는 작가가 하나의 인격체이고 충분히 상처받을 수 있는 사람이라는 사실을 잊는 것이다.

그래서 웹툰 작가들 중에서는 아예 댓글을 안 본다는 사람도 있다. 독자들을 관리하고 유지하는 것도 중요하지만 악성 댓글(악플)에서 자유로울 수 없다는 점도 웹툰 작가가 겪는 고충 중 하나이다.

웹툰,
어떻게 그릴까?

어떤 재료가 필요할까?

웹툰을 그리기 시작할 때 가장 쉽게 시작할 수 있는 재료는 바로 종이와 연필이다. 콘티부터 종이에 스케치를 해가면서 전체적인 흐름을 정리한 후 옮겨 그려보면 된다. 이때 전체적인 칸의 크기와 흐름을 고려해서 배분하는 연습이 필요하다.

독자들은 컴퓨터보다 주로 스마트폰으로 웹툰을 본다. 즉 한 번에 펼쳐지는 화면이 스마트폰보다 크지 않아야 한다. 콘티에 따라 궁금증을 불러일으키거나 긴장감을 주려고 일부러 아래쪽으로 스크롤하게 만드는 경우도 있지만, 대부분 한 화면에서 장면이 해결되고 다음으로 넘어가는 방식으로 만들어진다. 종이에 연필로 스케치할 때도 이런 칸 분할을 고려해서 그려보는 것이 도움이 된다.

작가에 따라 마커, 물감, 파스텔, 색연필 등을 써서 손그림의 느낌을 주는 경우도 있지만, 이 역시 디지털 디바이스에서 다양한 브러시와 효과들로 대체되는 추세이다. 클래식한 재료들을 사용해서 작품을 그리는 환경에서 디지털 디바이스와 각종 프로그램을 활용하는 환경으로 바뀌면서 웹툰 작가의 수는 폭발적으로 증가했다. 1인 작업이 가능해진 환경이 조성되었기 때문이다.

포토샵

포토샵은 디지털로 이미지를 제작하고 편집할 때 가장 많이 활용하는 프로그램 중 하나이다. 어도비(Adobe)라는 회사에서 만든 프로그램으로, 어도비 내에 있는 다양한 프로그램끼리 서로 호환이 뛰어나다. 동영상 제작을 위한 프리미어 프로, 그림을 그릴 때 쓰는 일러스트레이터, 도서 디자인 등을 할 때 쓰는 인디자인, 각종 보정과 효과를 더할 수 있는 포토샵 등이 어도비에서 쓸 수 있는 프로그램들이다. 특히 포토샵은 그 자체에서 웹툰 제작을 하거나, 다른 프로그램에서 그림을 그린 후 마지막 효과를 주는 등 다양하게 활용할 수 있다.

포토샵의 경우 태블릿이나 컴퓨터에서 모두 사용할 수

있고, 공식 사이트에서 구독을 신청하면 사용할 수 있다. 포토샵만 구독할 수도 있고, 다른 프로그램인 프리미어, 일러스트레이터, 인디자인 등을 함께 구독할 수도 있다. 만약 자신이 만든 캐릭터를 가지고 MD 상품으로 확장하는 것을 고민하거나 유튜브 등을 통해 짧은 애니메이션을 함께 보여주고 싶을 경우, 다른 프로그램도 함께 구독하는 편이 작업하는 데 편리하다.

포토샵 메인 화면

포토크리에이트

포토크리에이트는 아이패드로 그림을 그리는 작가들이 가장 많이 쓰는 애플리케이션 중 하나이다. 웹툰의 흐름을 그릴 수 있다기보다는 드로잉에 특화된 애플리케이션이라 정교한 그림을 그리는 데 편리하다. 사진 보정이나 누끼 따기●, 애플펜슬의 필압에 따라 달라지는 색깔의 농도 조절, 다양한 브러시와 자신만의 컬러 팔레트 제작 등 그림 그리기에 필요한 기능이 다양하게 갖추어져 있다. 자신이 그림을 그리는 과정을 녹화할 수도 있고 대칭성 사각 가이드를 제공해 아라베스크 무늬 등 대칭이 중요한 그림을 쉽게 그릴 수도 있다.

포토크리에이트 메인 화면

● 　사진에 나온 대상의 배경을 제외하고 대상의 겉 라인을 따라 잘라내는 작업을 누끼 작업이라고 한다. 일본어에서 온 말이다.

스크린도 원하는 크기에 맞게 골라 작업할 수 있어서 주로 SNS 컷툰 작업 시 많이 사용하고, 일반 회화 느낌의 작품을 그리는 작가들이 선호한다. 쉽게 말해 다양한 물감과 브러시, 효과를 갖추고 있는 디지털 스케치북과 재료 세트라고 생각하면 된다.

클립스튜디오

포트크리에이트가 드로잉 작업에 특화되었다면 클립스튜디오는 철저하게 웹툰과 만화를 작업하기 위한 프로그램이다. 포토샵과 그 구성이나 사용법은 비슷하지만, 웹툰만을 위한 가이드와 효과, 기본 기능들이 탑재되어 있다는 점이 다르다.

우선 클립스튜디오는 스케치, 선 그림, 채색부터 컷 분할까지 모두 한 프로그램으로 가능하다. 다양한 효과선이나 말풍선 등이 도구로 구비되어 있어서 웹툰을 처음 시작할 때 큰 부담 없이 그려볼 수 있다. 여기에 웹툰을 보는 디바이스인 스마트폰에 맞춰 내가 그린 그림이 어떻게 보이는지를 확인하는 기능이 있다. 또한 작가가 브러시를 원하는 대로 커스터마이징(맞춤 제작)할 수 있어서 개성 있는 그림을 그리도록 해준다. 이미 만들어진 컷을 원하는 모양대로 자르거나 바꿔서 배치하거나, 말풍선에 직접 대사를 넣을 수 있고 제공되는 스크린 톤과 망점으로 힘들지 않게 배경 효과를 적용할 수도 있다. 여기에 각종 포즈를 취하고 있는 3D인형과 AI포즈를 제공해, 처음 그림을 시작하는 작가들이 자기 작품에 적용할 수 있도록 돕는 기능도 있다. 웹툰을 처음 시도할 때, 그림 연습과 작품 진행을 함께 해볼 수 있는 프로그램이다. 포토샵과 호환이 가능하기 때문에 파일 크기가 큰 그림●을 그려 인쇄할 수도 있고 추가 수정을 할 수도 있다.

클립스튜디오 메인 화면

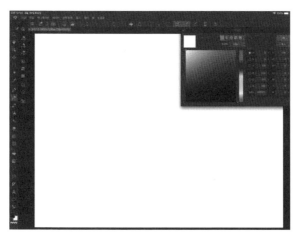

● 웹에서 보는 그림은 파일의 크기가 작아도 괜찮지만, 인쇄용 그림은 파일의 크기가 너무 작으면 제대로 인쇄되지 않고 깨진다. 인쇄할 목적이라면 적어도 300DPI 이상의 그림을 그려야 한다.

스케치업

스케치업은 웹툰의 배경 작업에 특화된 프로그램이다. 원래는 3D모델링을 통해 건축이나 설계, 인테리어를 하는 사람들이 전체적인 투시도를 그리던 프로그램이었는데 웹툰에 다양한 배경 작업이 필요해지면서 웹툰 작가들도 많이 쓰게 되었다.

건물 내부, 거리, 복잡한 배경 등을 그린 후 스케치업 프로그램을 통해 3D로 변환한 후 활용한다. 이렇게 한 번 만들어둔 배경은 각도를 바꿔가며 활용할 수 있어서 장편 작업, 계속 반복되는 배경이 필요한 경우에 자주 사용된다.

만약 필요한 배경이 있는데 그릴 자신이 없거나 시간이 부족할 경우 스케치업 배경을 따로 구매하여 사용할 수 있다. 모든 구성이 갖춰진 배경을 구입해, 자기 작품에 맞게 재구성하는 것도 가능하므로 스케치업 배경에 대한 시장은 지금도 커지고 있다.

스케치업 메인 화면

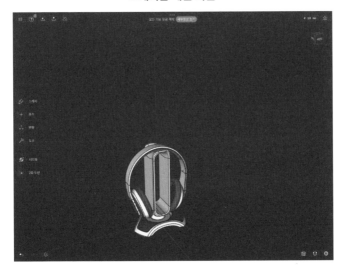

페인트 툴 사이

윈도우 프로그램이 설치된 컴퓨터에서 사용할 수 있는 그래픽 툴이다. 사양이 높지 않은 가벼운 프로그램이고 인터페이스 자체가 직관적이어서 어렵지 않게 쓸 수 있다는 장점이 있다. 흔히 '사이툴'이라고 불린다.

기존에 나와 있는 프로그램 가운데 선으로 그리는 그림에 가장 특화되어 있다. 손 떨림 보정을 통해 초보도 꽤 괜찮은 선을 그릴 수 있게 해주고 선 보정 기능도 뛰어나다. 콘티 후 처음 선으로 그림을 그릴 때 많이 활용하고, 컬러를 따로 입히지 않고 선으로 표현하는 웹툰을 그릴 때도 많이 활용한다. 브러시도 다양한 편이고 포토샵과도 호환이 가능해서, 사이툴로 펜화를 완성한 후 포토샵에서 채색하기도 한다. 혹은 사이툴로 선을 그리고 기본 채색을 한 후 포토샵으로 보정하는 경우도 있다.

펜화에 특화되었다는 점을 제외하면 사이툴에 대단한 기능이 많은 것은 아니다. 그래서 최근에는 정교한 펜화가 꼭

페인트 툴 사이

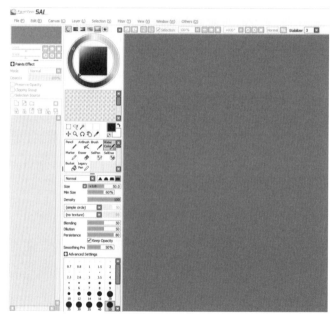

필요한 상황이 아니라면, 클립스튜디오로 많이 옮겨가는 추세이다.

메디방 페인트

메디방 페인트의 구조는 클립스튜디오와 가장 비슷하다. 단, 클립스튜디오가 비용을 지불하고 사용해야 한다면 메디방 페인트는 대부분의 기능을 무료로 쓸 수 있다는 장점이 있다. 단, 클립스튜디오처럼 작업에 편리성을 더하는 다양한 효과는 현저히 적지만, 그래도 PC, 안드로이드, 애플 사의 디바이스 등 다양한 기구에서 쓸 수 있고 클라우드 기능을 통해 기기끼리 호환도 쉽다.

기본적으로 쓸 수 있는 각종 브러시와 소재 툴도 마련되어 있어서 비용을 크게 들이지 않고 처음 웹툰을 시작할 때 쉽게 접근할 수 있는 프로그램이다. 기본 기능은 무료로 사용할 수 있지만, 광고가 귀찮거나 각종 브러쉬 툴 등을 이용하고자 하면 메디방 프리미엄이라는 구독 서비스를 이용하면 된다. 클라우드의 용량에 따라 비용이 다르다.

메디방 페인트의 구조도 다른 프로그램과 크게 다르지 않다. 툴바, 브러시, 레이어, 캔버스를 기본으로 원고용 칸을 따로 그릴 수 있고 작업한 내용을 다양한 확장자로 내보낼 수도 있다.

메디방 페인트 메인 화면

이처럼 웹툰을 그릴 때 사용할 수 있는 프로그램이나 애플리케이션은 이미 다양하게 나와 있다. 비싼 프로그램을 쓸 수도 있고 무료 프로그램으로 시작할 수도 있다. 어떤 선택이 맞고 틀리다고 말할 수 없으므로 작가의 취향에 따라 선택하면 된다. 아이디어와 노력이 있으면 특정 프로그램 없이도 충분히 웹툰을 그리고 연재하는 것도 가능하다. 생각만 많이 한 채 실행으로 옮기지 않으면 이런 프로그램들과 기기를 전부 갖추고 있어도 아무 소용이 없다.

프로그램은 어디까지나 도구이다. 도구를 사용하기 위해 먼저 준비되어야 하는 것은 웹툰을 그리고자 하는 의지와 기본 그림을 그릴 수 있는 실력, 탄탄하게 구조를 이룬 스토리라는 사실을 잊지 말자.

웹툰을
어디에 연재할까?

웹툰을 그렸으면 이제 연재를 할 차례이다. 연재는 대중에게 자신의 웹툰을 선보이는 자리이다. 대형 포털이나 웹툰 전문 포털에 연재하기 위해서는 각 포털이 정한 기준과 수준 이상이 되어야 한다. 다만 포털 연재 기회를 얻었다 하더라도 대중의 사랑을 받는 것은 또 다른 문제이다.

웹툰 시장이 가장 크게 형성된 네이버의 경우, 기성 웹툰 작가가 아닌 신규 작가들이 진입할 기회를 주기 위해 코너를 따로 만들어놓기도 하고 일부 작가들은 크라우드 펀딩을 통해 자기 작품을 선보이기도 한다. 이 경우 연재가 되는 웹툰 형태를 후원받기보다는 작품 제작, 캐릭터 상품 등을 후원받은 후 개인 홈페이지나 블로그에서 작품을 볼 수 있도록 한다.

하지만 일반적으로 웹툰 연재는 네이버, 카카오 웹툰, 리디북스, 코미코, 봄툰, 탑툰, 레진코믹스, 저스툰 등의 포털, 또는 웹툰, 웹소설 전문 플랫폼을 통해 선보이는 것이 일반적이다.

국내의 웹툰 플랫폼은 다음과 같다(2023년 5월 기준).

웹툰 플랫폼(국내)

플랫폼명	인터넷 주소
네이버 시리즈(웹소설)	https://series.naver.com/
네이버웹툰	https://comic.naver.com/
카카오웹툰	https://webtoon.kakao.com/
카카오페이지	https://page.kakao.com/
케이툰	https://www.myktoon.com/
코미코	https://www.comico.kr/
탑툰	https://toptoon.com/
투믹스	https://www.toomics.com/
포스타입	https://www.postype.com/
피너툰	https://www.peanutoon.com/
까만봉지	http://www.kkabong.com/
딜리헙	https://kr.dillyhub.com/

레진코믹스	https://www.lezhin.com/
리디북스	https://ridibooks.com/webtoon
봄툰	https://www.bomtoon.com/
미스터블루	https://www.mrblue.com/
북큐브	https://www.bookcube.com/
무툰	https://www.mootoon.co.kr/
버프툰	https://bufftoon.plaync.com/
마녀코믹스	https://www.mcomics.co.kr/
만화경	https://www.manhwakyung.com/
아이나무툰	https://www.inamutoon.com/
애니툰	https://www.anytoon.co.kr/
스푼코믹스	https://www.spooncomics.com/
조이코믹스	http://joycomics.co.kr/

가장 유명한 포털 사이트

현재 가장 유명한 연재 사이트는 네이버이다. 네이버에서 운영하는 웹툰 플랫폼에 현재 가장 많은 작품이 연재되고 있으며, '도전만화' 코너에는 지금도 셀 수 없이 많은 웹툰 지망생들이 자신의 웹툰을 올리고 있다. 네이버의 경우 연재하는 작품 수도 많지만 각 작품의 길이도 길고, 한 번 네이버와 계약한 작가들은 네이버에서 작품을 지속적으로 선보인다는 특징이 있다.

'도전만화' 제도가 있어서 일단 자신의 웹툰을 한번 올려 볼 수 있다는 장점이 있다. 다만, 누구에게나 열려 있다는 장점이 곧 수많은 사람과 경쟁해야 한다는 단점으로 작용 하기도 한다.

네이버 '도전만화'에 작품을 올리려면 우선 작품의 제목, 내용, 줄거리 등을 정리해 두어야 한다. 장르와 그림체 그 리고 처음 보이는 화면인 섬네일이 독자의 첫 클릭을 유도 하기 때문에 철저하게 기획해서 준비할 시간이 필요하다. 이때 섬네일은 스마트폰 화면상에서 보이는 작은 이미지이 기 때문에 복잡하고 정교한 작품보다는 크고 핵심적인 작 품으로 정하는 편이 좋다. 인물의 클로즈업, 캐릭터 성격이 또렷하게 드러난 것으로 선택해서 섬네일까지 정했으면 이 제 자신의 웹툰을 올리면 된다.

보통 웹툰 연재물의 경우 단편 120화를 기준으로 했을 때 초반에 최소한 5화에서 10화는 한꺼번에 올리는 편이 좋다. 연재의 특성상 앞부분에 전반적인 세계관과 주인공 의 성격과 미션을 파악할 수 있도록 본격적인 사건의 실 마리를 던져주고 마무리해야 그다음에도 독자들이 호기심 을 가지고 계속 찾아보기 때문이다. 이도 저도 아닌 시작만 애매하게 알려준 채 일주일을 기다리게 하면 그 누구도 작품을 기억해서 찾아보지 않는다.

업로드하는 웹툰의 경우, 가로 크기는 690px로 지정되어 있지만 세로 사이즈는 정해져 있지 않다. 보통 한 칸이 한 컷이라고 했을 때, 일반 드라마 종류의 웹툰은 60~70컷이 1화를 구성하고, 액션은 그보다 좀 더 많은 80~90컷 내외로 구성되는데, 첫 화의 경우 거의 두 배 분량 정도로 작업하는 편이 일반적이다. 자신의 작품을 본격적으로 소개하는 회차이기 때문에 1화에 가장 많은 공을 들이게 된다.

'도전만화'에서 꾸준히 연재하며 '베스트도전' 만화가 되면 비로소 웹툰 작가로서의 가능성을 확인받게 된다. 이 베스트도전 만화는 작품을 보고 독자가 남긴 인기도 점수, 운영진의 평가가 더해진다. 작품성이나 인기도뿐 아니라 꾸준한 업로드가 중요한 요소이기 때문에 최소한 연재하기 전에 전체 연재 분량의 3분의 1에서 절반 정도는 만들어두는 편이 안전하다. 작가들이 연재 외에 더 그려두는 원고를 '세이브 원고'라고 하는데 이 원고가 없으면 응급 상황 시 독자와의 약속을 어기게 될지 모르고 결국 작가로서의 자격을 잃게 된다. 일단 '베스트도전'까지 올라가면 웹툰 작가로 인정받기 시작한 셈이므로 다양한 기회가 열린다. 네이버에서 정식으로 연재 제의를 받을 수도 있고, 다른 플랫폼에 연재할 기회를 잡을 수도 있으며, 또 다른 제안을 받을 수도 있다. 즉 "난 웹툰 작가입니다."라고 말할 수 있는 배경이 생기는 셈이다.

네이버에 '도전만화'가 있다면 카카오 웹툰에는 '웹툰리그'가 있다. 웹툰리그에 작품을 올리기 위해서는 먼저 작가 등록을 하고 자신의 작품을 소개하면 된다. 이후 과정은 네이버 도전만화와 비슷하다. 섬네일과 회차 입력, 회차별 원고 업로드이다. 웹툰리그는 그 이름처럼 리그제로 운영된다. 매달 1일에 작품을 골라 1부로 올려준다. 이렇게 승급된 작품은 메인에 걸리게 된다. 당연히 숨어 있을 때보다 더 많은 독자를 만날 수 있고 다양한 반응을 확인할 수 있다. 인기가 좋고 반응이 뜨거운 작품의 경우 카카오 웹툰과 내부 협의를 통해 정식으로 연재의 기회를 얻게 된다.

만약 자신이 어딘가에서 연재를 하고 데뷔한 경험이 있다면 네이버와 카카오 모두 경력 작가 투고를 활용해 볼 수 있다. 두 플랫폼이 조금씩 다르기는 하지만 기본적으로 연재했던 작품과 회차, 플랫폼에 대한 정보와 자신이 연재하고자 하는 신작에 대한 소개를 함께 전달하면 된다. 최대 1~1.5개월의 검토 후 연락이 온다.

리디, 코미코, 탑툰, 봄툰, 레진코믹스, 저스툰 등의 플랫폼은 신진 작가가 도전할 수 있는 제도가 따로 없다. 다만 플랫폼마다 정해진 기준의 원고를 투고받는 형식으로 신작 웹툰을 선발한다. 보통 5~10화, 시놉시스 등이 포함된 원고를 직접 이메일과 플랫폼에 마련된 투고란을 통해 직접 제안해야 한다.

플랫폼 투고를 통해 데뷔하는 방법도 있지만, 최근에는 다양한 공모전을 통해 새로운 웹툰 작가가 탄생하는 경우도 많다. 사실 플랫폼에 연재한 작품이 메인에 걸리는 여부는 운도 어느 정도 따라줘야 하고 플랫폼별로 선호하는 분야가 조금씩 다르다 보니 자신의 스타일에 맞는 포털을 찾는 일이 쉽지 않다는 단점도 있다. 좀 더 개성을 담아내서 작품에 공을 들이고 싶거나 막연하게 플랫폼 내에서 눈에 띄기를 기다리고 싶지 않다면 다양한 공모전을 공략하는 것도 방법이다.

대부분의 공모전은 시놉시스, 일정 분량의 완성 원고, 캐릭터 소개(캐릭터 시트) 등만 준비하면 도전할 수 있다. 따라서 완결된 작품이어야 한다던가 세이브 원고를 많이 만들어둬야 한다는 부담을 좀 덜고 웹툰 작가에 도전할 기회를 준다.

웹툰 공모전에 대한 정보를 한꺼번에 볼 수 있는 곳은 올콘(https://www.all-con.co.kr/)이다. 올콘에서는 웹툰뿐 아니라 다양한 공모전, 경진대회의 소식을 모아두기 때문에 혹

웹툰을 기반으로 해서 다른 분야에 도전해 보고 싶은 마음이 있다면 올콘에 올라오는 공지사항들을 꼼꼼히 살펴보면 좋다. 웹툰 분야의 경우 '올콘 〉 공모전 〉 웹툰'으로 검색하면 한눈에 볼 수 있다. 이를 기반으로 다양한 공모전을 한눈에 보고 도전할 수 있다.

앞에서 말한 네이버나 카카오에서도 상시 열려 있는 도전, 랭킹 제도 외에 공모전을 개최해서 역량 있는 웹툰 작가를 모집하고 있다. 장편, 단편 상관없이 상금과 연재 기회가 주어지고 완성작과 파일럿●을 나눠서 공모하기도 한다.

최근에는 네이버, 카카오, 리디, 저스툰 등 플랫폼뿐 아니라 여러 지방자치단체, 기업, 브랜드 등에서도 웹툰을 공모하는 경우가 많다. 웹툰을 통해 스토리를 전개하고 그 안에 브랜드와 가치를 담아내는 작업을 마케팅으로도 활용하기 때문이다. 꼭 플랫폼을 통해 작가로 데뷔하는 것이 목적이 아니라면 공모전에 입상하여 차곡차곡 자기만의 필모그래피를 쌓아가는 방법도 추천할 만하다.

●　본 작품으로 가기 전의 이야기로, 웹툰 파일럿은 중장편 작품으로 확장될 가능성을 지닌 단편 웹툰을 의미한다. 보통 10~15화 내외로 완결되는 단편이다.

대표 플랫폼의 성격

웹툰을 연재하려면 우선 자신이 그리는 작품과 플랫폼의 성격이 얼마나 어울리는지 한번 생각해 보아야 한다. 플랫폼마다 가지고 있는 고유의 스타일이 있어서 작품이 아무리 좋아도 플랫폼의 성격과 맞지 않으면 연재가 어려워지는 경우가 종종 있기 때문이다.

대부분의 플랫폼에서 지나치게 폭력적인 것, 사회 통념에 어긋난 것, 과도한 신체 훼손 등이 사실적으로 묘사된 것들은 심의에서 거를 뿐만 아니라, 나이별로 자가 진단을 하는 기준도 마련해 놓고 있다.

네이버나 카카오의 경우 대부분의 장르를 수용하고 있지만 심의 기준이 높은 편이다. 오히려 '솔직한 재미'를 신조로 하는 레진코믹스의 경우 성인들을 대상으로 한 웹툰을 많이 선보이는 편이다. 네온비 작가의 경우 다음 만화속세상(현 카카오)에서 선보였던 작품은 귀엽고 아기자기한 느낌의《다이어터》같은 작품들이었지만, 레진에서는 파격적인 표현과 묘사가 들어간《나쁜 상사》로 큰 인기를 끌었다. 전 연령 대상인 포털에서는 연재할 수 없었던 수위의 작품을 선보일 수 있었던 건 레진코믹스라는 플랫폼이 가진 성격 때문이다.

레진코믹스가 다른 플랫폼에서 보기 어려웠던 수위 높은

작품들을 선보였다면, 탑툰, 투믹스는 남성향 웹툰을, 봄툰은 여성향 웹툰을 주로 연재하는 플랫폼이다. 남성향은 남성들이 좋아하는 취향을, 여성향은 로맨스 순정물 등 여성들이 좋아하는 취향을 의미한다. 이들 플랫폼은 각각 기다리면 무료로 볼 수 있는 시간제 무료 서비스, 월정액제, 댓글 대신 다음 편을 더 빠르게 볼 수 있는 화면 구성 등 제각각 다른 특징으로 독자들을 끌어들이고 있다. 각 플랫폼의 특징에 따라 웹툰 작가들은 평소 자기 스타일과 전혀 다른 작품을 시도해 볼 수 있고, 때로는 필명으로 활동하며 부캐처럼 자유롭게 작품을 연재할 수도 있다.

자유롭게 올릴 수 있는 사이트

앞에서 언급한 플랫폼들이 모두 정식 계약을 맺고 데뷔 후 연재를 할 수 있는 곳이라면 포스타입(https://www.postype.com)이나 딜리헙(https://kr.dillyhub.com/), 페이트리언(https://www.patreon.com/ko-KR) 같은 플랫폼은 작가가 스스로 계정을 만들어 작품을 올릴 수 있는 사이트이다. 오픈마켓형 콘텐츠 플랫폼으로 구분된다. 웹툰뿐 아니라 웹소설, 삽화, 에세이 등 창작하는 작품들을 올릴 수 있고, 후원이라는 제도를 통해 팬들이 결제한 후원금을 받을 수도 있다. 별도로 원고료가 책정되는 것이 아니라 콘텐츠를 소비한 사람들이 지출하는 비용을 플랫폼과 나누어 갖는 형식이다.

포스타입의 경우 10퍼센트의 수수료를, 딜리헙은 6퍼센트의 수수료를 부과하고 있다. 이들 사이트에서 비용을 지불하고 보는 독자들은 자기가 후원하는 크리에이터의 작품을 보는 것 이외에도 후원자에게만 따로 제공되는 별도의 콘텐츠를 즐길 수 있다. 즉 팬층이 두터울수록 작가는 수익이 늘어나고 팬들은 '우리만 누리는' 또는 '내 작가의 성장' 등의 감정적 만족감을 충족시킬 수 있다. 타 매체에서 어느 정도 팬층을 쌓은 작가들이 포털이 아닌 오픈마켓에서 작품을 선보이는 이유가 여기에 있다.

인스타툰《며느라기》로 인기를 끈 수신지 작가는《곤》이라는 작품을 딜리헙과 인스타그램에 함께 연재하는데 인스타그램보다 먼저 딜리헙에 유료로 작품을 올렸다. 즉 작가의 작품을 후원하는 독자들이 먼저 볼 수 있도록 하는 구조이다.

최근에는 타파스(https://tapas.io/) 같은 해외 사이트에 도전하는 작가들도 많다. 해외의 경우 근래 들어 K문화에 대한 호감도가 높아진 데다 다양한 소재와 장르에 대한 이해의 폭이 좀 더 넓은 편이다. 그래서 국내 장르에 포함되지 않는 독특한 작품들의 경우 해외 사이트에서 먼저 선보이는 경우도 있다. 물론 영어로 연재를 해야 하기 때문에 언어적인 제약은 약간 있지만, 글이 많지 않은 웹툰의 경우 한번 도전해 보는 것도 나쁘지 않다.

새로운 컷 만화의 세상, 인스타그램

인스타그램은 컷 만화의 새로운 장을 연 매체이다. 컷에서 스크롤로 넘어갔던 웹툰을 다시 컷 만화로 재확장한 셈인데 이는 인스타그램의 매체적 특성 덕분이다.

최대 10컷 내외의 사진, 원하는 추가 정보를 기재할 수 있는 공간, 팔로워를 통한 팬층 확보, 댓글을 통한 소통 등 웹툰의 매체 특성을 충분히 활용할 수 있어서 초반에 진입하는 작가들이 그다지 부담 없이 도전해 볼 수 있다. 게다가 포털에서 규제하는 내용과 표현에 대한 심사와 규제가 상대적으로 자유로워서(2023년 기준) 작가들은 좀 더 자유롭게 자기 생각을 풀어낼 수 있다.

특히 SNS의 특성상 진지한 극화 웹툰보다는 가벼운 내용, 일상, 감성 등을 담아낸 웹툰을 선보이기에 좋아서, 간단한 캐릭터만으로도 충분히 웹툰 연재가 가능하다. 현직 변호사가 연재하는《메리지레드》, 회계사가 본인의 경험을 바탕으로 회계 관련 에피소드를 알려주는《회계법인 창천 (changchuncpa)》, 현직 간호사가 연재하는《ISTP간호사 아

또》등 평소 진솔한 얘기를 듣기 어려웠던 직업의 세계를 엿볼 수 있는 작품도 있다. 어떤 작가는 자신의 에피소드가 아닌 독자의 사연을 받아 꾸려나가기도 한다.

일러스트레이터 '키크니' 작가는 '뭐든 그림으로 그린다'라는 주제를 가지고 독자가 제시하는 다양한 요구를 그림으로 표현해 주는데 작가의 기발함과 독자와의 소통을 통한 콘텐츠 제작으로 인기가 높다. 드라마로도 제작된《며느라기》의 경우 인스타툰의 성장에 불씨가 된 작품이라고 할 수 있는데, 이 역시 일상에서 겪는 갈등을 에피소드로 풀어낸 작품이다.

이외에도《그래일기》《수영일기》를 비롯해《오늘의 다은》처럼 일상의 이야기를 풀어낸 작품, 그날의 패션을 알려주는 일러스트 툰《썬비의 그림일기》, 육아와 관련된 일상을 풀어낸《마닙툰》, 흔히 볼 수 있는 사회생활의 애로사항을 그려낸《삼우실》과 같은 작품들이 있다. 이런 작품들은 독자들이 좀 더 쉽게 이입하고 공감할 수 있는 내용을 위주로 전개된다.

인스타툰은 매체의 특성상 작은 정사각형의 화면(1:1) 안에서 스토리가 전개되어야 하므로 정교한 스토리 라인과 복잡한 배경이 필요한 극화 스토리보다 캐릭터가 이끌어가는 이야기인 경우가 많다. 작가에 따라 조금씩 다르지만 간단한 키워드 중심의 스토리만 소개하고 상세한 내용은 아래 본문에 붙이는 경우도 많다. 스토리의 지속성과 확장성에 대한 한계는 있지만, 귀엽고 특색 있는 캐릭터를 내세울 수 있고 이를 다시 MD 상품으로 발전시키기가 용이하다. 그래서 처음부터 웹툰 작가로 시작한 사람들보다는 일러스트레이터나 캐릭터 디자이너들이 웹툰 쪽으로 넘어오면서 안착하는 플랫폼이기도 하다.

웹툰 작가의 일상 엿보기

새벽 4시 알람이 울렸다. 예전 같았으면 깨어 있을 시간이지만 창작 활동도 규칙이 필요하다는 사실을 깨달은 후부터는 일찍 자고 새벽에 일어나서 작업하는 버릇을 들이고 있다. 처음에 웹툰을 시작하면서 밤낮없이 그림을 그리고 밤새우기를 반복하고 마감 후에 며칠씩 애벌레처럼 자기를 몇 년 했더니 건강이 정말 너무 나빠졌다. 공황 장애도 오고 불안 증세도 커져서 일 년 동안 작업을 전혀 못했기 때문이다. 이러다가 정말 작가 생활을 못 하겠다 싶어서 억지로 운동도 시작하고 일부러 여행도 많이 다녔다. 처음에는 영영 창작 활동을 못 하는 게 아닐까, 이렇게 도태되는 것이 아닐까 두렵기도 했는데 몇 달 지나고 오히려 아이디어가 잘 떠오르는 것을 보며 좋은 창작을 위해서 꼭 비우고 채우는 시간이 필요하다는 사실을 깨달았다.

수년간 굳어진 습관을 고치기가 쉽지는 않았지만 이렇게 가다가는 좋아하는 웹툰을 평생 그릴 수 없게 될지 모른다는 불안감이 더 컸는지 이제는 새벽에 알람을 듣고도 힘들이지 않고 잘 일어난다. 일어나자마자 하는 일은 창문을 열어 공기를 바꾸는 것이다. 눅눅한 냄새로 가득했던 방에 바깥 공기가 들어오는 순간 정신이 번뜩 든다. 그렇게 창문을 열어 시원한 공기로 한 번 환기를 한 후 책상에 앉는다. 거의 대부분의 작업을 컴퓨터로 하고 있지만, 새벽 시간만큼은 컴퓨터를 켜지 않고 차분히 생각을 정리하는 데 쓰곤 한다.

가끔은 손으로 그리는 그림이 더 정겨운 것 같아서 이렇게 스케치한 작품들은 SNS 매체를 통해 간간이 팬들에게 공개한다. 이 그림을 스케치했을 때의 내 상태와 느낌, 단상도 덧붙여서 게시하면 오히려 웹툰보다 더 많은 댓글과 공감 글이 달린다. 이럴 때 진짜로 팬들과 소통하는 느낌이 든다. 그리고 내게도 내 작품과 나를 사랑해 주는 팬이 있다는 사실이 새삼스레 신기하고 감사하다.

처음 웹툰을 시작했을 때는 지금보다 훨씬 고민이 많았다. 남들처럼 그림을 멋지게 그릴 수 있는 것도 아니고 아이디어가 샘솟는 것도 아니어서 사실 어디서부터 어떻게 시작해야 할지 막막했다. 만화책을 좋아했고 시간이 지나면서 휴대전화나 컴퓨터로 보는 툰(toon)이 익숙해져서 '웹툰을 한번 그려보고 싶다'라고 생각한 게 시작이었다.

막연하게 종이를 접어서 그림을 그렸다. 만화책에서 봤던 것처럼 칸을 나누고 거기에 그림을 그렸는데, 나중에 본격적으로 만화와 웹툰에 관해 공부하고 나서야 그게 콘티라는 것을 알게 되었다.

콘티를 그린 후에는 거기에 들어갈 대사를 다듬었다. 그런데 작업하다 보니 처음에 생각했던 대사가 떠오르지 않고 왠지 어색한 상황들이 자꾸 생겼다. 그래서 그림을 그리기 전에 대사나 상황, 장면들을 한 번 써서 정리해 두기로 했다. 이 내용을 바탕으로 콘티를 그리니까 확실히 좀 더 수월했다. 나중에야 이렇게 정리한 글을 시나리오라고 한다는 사실을 알게 되었다.

결국 웹툰은 좋은 아이디어를 시나리오로 정리하고, 시나리오를 콘티로 그리면서 입체화한 후 세부적인 사항을 다듬어 완성하는 콘텐츠라고 할 수 있다. 물론 아이디어를 내기 위한 피나는 노력의 과정이 필요하고, 이 아이디어를 구체화하기 위해서는 자료조사나 인터뷰를 하는 과정도 필수이다. 손으로 하나하나 그려야 하기는 하지만 이 역시 다양한 프로그램을 통해 좀 더 전문적인 기술의 도움을 받을 수 있다. 여기에 구도와 채색, 빛(광원)에 따른 효과 등 그림과 만화에 관한 기본적인 공부가 더해지면 웹툰 작가로 한 걸음 내딛는 건 누구나 할 수 있다. 다만, 얼마나 지속적으로 고민하고 노력하고 공부하느냐에 따라 웹툰 작가로 길게 갈 수 있는지 아니면 시도하다가 끝낼 것인지 결정된다.

그래서 오늘도 새벽 4시에 무거운 몸을 이끌고 일어나 본다. 어제 고민하던 아이디어를 한 번 더 뒤집어서 살펴보고, 마인드맵에 생각을 정리할 생각이다. 오전에는 일찍부터 인터뷰가 하나 있다. 이번에 그릴 웹툰 주인공의 직업이 관광 인력거꾼인데, 실제로 관광 인력거를 끄는 사람을 만나 인터뷰를 하고 직접 타볼 생각이다. 잊지 말고 카메라도 챙겨야 한다. 그림의 구도나 색감을 잡는 데 실제 사진만큼 좋은 참고 자료는 없다.

인력거까지 타고 돌아오면 오후부터 꼼짝 않고 콘티 작업을 해야 한다. 그래야 내일과 모레 채색작업을 마치고 다듬은 후 연재 플랫폼에 업로드할 수 있다.

자, 심호흡 한번 하고 달려가 보자.

4장
웹툰 작가의
미래는 어떨까?

웹툰 작가의
직업적 가치

웹툰 작가는 한마디로 21세기가 만든 가장 창의적인 직업군이다. 기존의 만화 시장을 잇고 있으며 그 자체로도 완성도 있는 창작물이면서 동시에 다른 매체로 확장할 수 있는 콘텐츠이기 때문이다. 남녀노소의 차별 없이 자신이 가진 창의성과 이를 풀어내는 '내 스타일의 그림'만 있으면 누구나 할 수 있다는 점도 매력으로 작용한다. 딱히 자격증이 필요한 것도, 학벌이나 특정 분야 전공의 졸업장이 필요한 것도 아니라 하고 싶고 할 수 있으면 우선 도전할 수 있는 분야이기도 하다.

수입 역시 편차가 있기는 하지만 우리가 알고 있는 인기 작가들의 경우 연간 수익이 수억 원 이상일 정도이다. 네이버의 경우 상위 20위 작가들의 평균 수익은 17억 5천만 원 정도이고, 전체 연재 작가의 62퍼센트가 연 1억 원 이상의 수익을 올린 것으로 알려져 있다. 웹툰 이외에 별도 IP 수익까지 포함하면 그 이상 버는 작가도 많이 있다는 얘기다. 물론 일부 유명 작가에게 해당하는 이야기이고 대부분의 웹툰 작가는 여전히 적은 원고료에 힘든 창작 활동을 이어오고 있다. 그런데도 자신의 작품으로 성공할 수 있다는 가능성이 충분히 열려 있다는 점에서 도전해 볼 만한 시장이다.

웹툰 작가에게
어떤 미래가 펼쳐질까?

KT경제경영연구소와 한국콘텐츠진흥원이 함께 조사한 자료에 따르면 2017년 3,799억 원이었던 웹툰 산업의 매출은 2021년에는 1조 5,660억 원으로 기하급수적으로 성장했다. 웹툰이 인기를 얻으면서 이를 원작으로 하는 드라마나 영화가 꾸준히 나왔다.

《메리는 외박중(2010년)》 이후 공중파에서 웹툰을 기반으로 한 다양한 드라마를 제작했다.《닥터 프로스트》《호구의 사랑》《구해줘(원작명 《세상 밖으로》)》《미생》《치즈인더트랩》《경이로운 소문》《간 떨어지는 동거》《술꾼도시여자들》《나빌레라》《이태원 클라쓰》《송곳》《그해 우리는》등 수많은 드라마의 원작이 바로 웹툰이다.

영화에서도 웹툰을 원작으로 한 작품은 많았다. 2006

년 《아파트》를 시작으로 《바보》《순정만화》《이끼》《그대를 사랑합니다》《이웃사람》《패션왕》《내부자들》《강철비》《신과 함께》 등의 작품이 웹툰을 원작으로 한다. 이들 웹툰은 다시 연극과 뮤지컬 등으로 확장되기도 했다. 여기에 각종 OTT[*]서비스가 늘어나면서 웹툰은 원작의 역할뿐 아니라 각각의 OTT가 서비스하는 오리지널 콘텐츠의 OSMU[**]콘텐츠로서도 확장성을 가지게 되었다.

넷플릭스의 경우 2018년 조석 작가의 《마음의 소리》를 자체 콘텐츠로 제작한 것을 시작으로 《좋아하면 울리는》《스위트홈》《킹덤》《D.P》《지금 우리 학교는》《안나수마나라》 등의 자체 콘텐츠를 웹툰 기반으로 제작했고, 《후유증》《우리 헤어졌어요》《연애세포》《그래서 나는 안티팬과 결혼했다》《그녀의 버킷리스트》 등의 웹툰은 웹 드라마로 제작되기도 했다.

콘텐츠를 소비할 수 있는 매체가 늘어나면서 웹툰 작가가 참여할 수 있는 영역이 점점 더 늘어나는 추세이다. 캐릭터 비즈니스는 물론이고 원작으로서의 작품 활동, 기존

---

[*] Over the top: 영화, 텔레비전 방영 프로그램 등의 미디어 콘텐츠를 인터넷을 통해 소비자에게 제공하는 서비스

[**] One Source Multi Use: 하나의 소스, 즉 하나의 콘텐츠로 여러 파생 상품으로 확장하고, 전개하는 것을 말한다.

작품의 장르 변화를 통한 타 매체 진출 등이 가능해진 것이다.

이는 원 소스 멀티 유즈(OSMU)를 넘어 트랜스미디어 스토리텔링(transmedia storytelling)이 웹툰을 통해 가능하기 때문이다. 하나의 이야기를 기반으로 매체를 변화시키는 원 소스 멀티 유즈와는 달리 트랜스미디어 스토리텔링은 다양한 미디어 플랫폼을 통해 각자 서로 다른 이야기를 전개해 나가지만 공통 분모를 지닌 콘텐츠를 말한다. OSMU 콘텐츠가 단계적인 구조의 스토리텔링이라면, 트랜스미디어 스토리텔링은 전방위적이고 방사형의 구조이다. 때로는 인물을 공유하고 때로는 배경을 공유하면서 플랫폼 역시 다각화하여 내용을 전달한다.

기안84의 두 작품 《패션왕》과 《복학왕》에서는 모두 같은 인물인 우기명이 나오는데 인물이 활동하는 배경은 완전히 다르다. 같은 등장인물이 다른 배경에서 다른 주제로 활약하는 트랜스미디어 스토리텔링을 보여주는 셈이다. 작품 《화양연화 Pt.0 SAVE ME》는 BTS의 방탄유니버스를 기반으로 한다. BTS가 낸 《화양연화》 시리즈 앨범과 연속성을 가지고 출시한 소설 《和樣年華 THE NOTE》와의 연계성도 갖는다. 앨범과 가수, 가사와 웹툰, 소설까지 서로 연계해서 하나의 큰 세계를 만들며 서로 이야기를 주고받는 것이다. 웹툰《승리호》는 세계관과 인물을 모두 영화《승리호》와 공유한다. 영화이지만 극장이 아닌 OTT 채널에서 개봉했고, 개봉 후 웹툰 역시 다양한 국가에 공개되어 함께 인기를 끌었다.《승리호》는 웹툰에서 영화로 확장된 것이 아닌 영화 시나리오를 기반으로 웹툰을 기획, IP유니버스를 서로 공유하고 있다는 특징이 있다.

이처럼 웹툰 작가는 자신이 그리는 작품 그 자체만으로 완성되는 콘텐츠를 제작하는 것 이외에 다양한 매체와의 협업으로 전반적인 콘텐츠를 아우르는 가교이자 원천 제공자의 역할을 할 수 있다.

현실 영역뿐 아니라 메타버스로까지 콘텐츠를 소화할 수 있는 시장이 넓어지면서 이 모든 세계를 아우르는 스토리텔러로서 웹툰 작가의 역할은 점점 더 커질 전망이다.

챗GPT와
웹툰 작가

챗GPT가 만들어갈 새로운 세상

인공지능은 이미 우리 생활에 오래전부터 들어와 있었다. 가장 쉽게 떠올릴 수 있는 건 휴대전화에 내장된 음성인식 비서 서비스이다. 최근 이슈가 되고 있는 챗GPT는 인공지능 중에서도 특히 '인공지능 언어 모델'에 속한다. 다시 말해, 인공지능이 인간의 언어를 이해해서 적절한 답을 생성해 낼 수 있는 모델이다.

기존의 여타 인공지능은 미리 내장된 답변을 도출하는 반면, 스스로 학습이 가능한 챗GPT는 마치 인간이 생각하는 것처럼 기존에 학습한 사항들을 합쳐서 답을 내놓을 수 있다. 챗GPT가 Generative Pre-trained Transformer(생성하는 사전학습된 변형기)의 약어라는 사실을 알면 그 성격을 파악하기가 좀 더 쉽다.

일반적으로 챗GPT를 처음 접하는 사람들은 기존에 존재해 온 다른 인공지능 시스템을 활용하듯 단순한 사실을 묻고 거기에 대한 답을 얻는 장치로 활용하는 경우가 많다. 하지만 챗GPT는 앞에서도 말했듯이 스스로 생각해서 답변을 도출해 줄 수 있는 프로그램이다. 따라서 제대로 된 질문을 했을 경우, 생각보다 많은 도움을 받을 수 있다.

예를 들어 '고양이'를 소재로 한 웹툰을 한 번에 모아서 보고 싶다면 이를 챗GPT에 요청해서 자료를 한눈에 받아 볼 수 있다.

❶ 고양이에 대한 웹툰 리스트를 보여줘.

만약 이 자료가 마음에 들지 않는다면 추가적인 질문을 통해 좀 더 자세한 자료를 받을 수도 있고, 각 웹툰의 내용이 궁금하다면 이 내용까지도 정리해서 받을 수 있다. 하나하나 찾아볼 때보다 훨씬 더 시간이 절약되는 셈이다.

❷ 고양이를 주제로 하는 웹툰 리스트를 알고 싶어.

MA Please make a list of webtoons that are based on cats and let me know

Certainly! Here's a list of webtoons that are specifically based on cats:

1. "Kitty Kitty Bang Bang" - This webtoon follows the adventures of a fearless and sassy cat named Kitty as she explores her neighborhood, uncovers mysteries, and gets into all sorts of humorous situations.
2. "Cat vs. Human" - Based on the popular webcomic of the same name, this webtoon offers a glimpse into the daily life of a cat owner and the amusing interactions between the owner and their feline companion.
3. "Cat's Cafe" - In this heartwarming webtoon, the Cat's Cafe serves as a meeting place for a group of cats and humans. It explores themes of friendship, healing, and the importance of taking care of one another.
4. "Fisheye Placebo" - While not solely focused on cats, this cyberpunk webtoon features a mysterious character known as "Cat" who plays a significant role in the story. It combines action, suspense, and a touch of cat-like charm.
5. "Catharsis" - This dark fantasy webtoon revolves around a cat-themed vigilante who protects the city from supernatural creatures. With intense action scenes and a compelling storyline, it showcases the cat's incredible powers and quest for justice.
6. "Cat's Choice" - In this webtoon, a mischievous cat named Leo gains the ability to choose its destiny by obtaining nine lives. Join Leo on its journey as it faces challenges, makes choices, and explores different paths.
7. "Super Secret" - While not exclusively centered around cats, this adorable webtoon includes a main character named Ryan who is a cat with shape-shifting abilities. The story follows his life and his secret interactions with a human girl.
8. "Black Horda" - This fantasy webtoon   ↻ Regenerate response   rious black cat named Horda,

Send a message...

❸ 위에서 언급된 웹툰 중에 〈고양이 카페〉의 세부 내용을 알려줘.

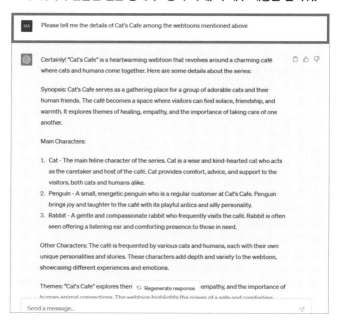

그뿐 아니라 간단한 스토리의 뼈대 생성도 도움을 받을 수 있다. 물론 챗GPT가 제공해 주는 스토리의 뼈대는 기존 스토리의 기본적인 요소를 조합해서 알려주는 내용이기 때문에 정답이 될 수는 없다. 하지만 소재만 찾아놓고 어떻게 풀어나갈지 막막한 초보에게는 일종의 가이드라인이 될수 있다는 점에서 충분히 활용해 볼 만하다.

예를 들어, 자신이 쓰고 싶은 스토리가 '다리 하나가 없

는 고양이가 귀 하나 없는 고양이와 떠나는 모험 이야기/
판타지물/배경은 미래/사이보그 요소' 정도의 요소를 가지
고 있다고 했을 때, 챗GPT는 이를 가지고 아래와 같은 이
야기를 구성해서 제공한다.

❹ 다리 하나 없는 고양이가 귀 하나 없는 고양이와 떠나는 모험 이야기, 판타지물, 배경은 미래, 사이보그 같은 요소들로 웹툰 스토리를 구성해줘.

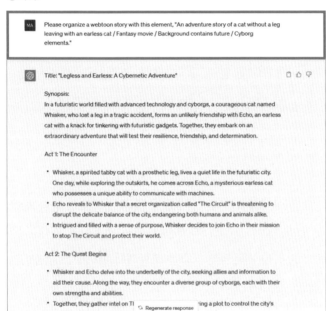

구체적인 키워드를 넣어 스토리를 구성해 달라고 요청할 수 있음.

챗GPT가 제공한 내용을 보면, 첨단 기술과 사이보그로 가득한 미래 세계에서 비극적으로 다리를 잃은 위스커라는 고양이가 미래 장치를 다룰 줄 아는 귀 없는 고양이 에코와 우정을 나누며 모험을 시작하는 내용이라는 개요가 제시된다. 즉 챗GPT에서 주인공 이름, 관계, 장르를 정해주고 이후 1, 2, 3장으로 나누어 스토리의 흐름을 제시해 준다. 좀 더 구체적인 세부 질문을 던지면 이야기를 좀 더 다듬어나갈 수도 있고 적의 존재를 구체화할 수도 있다. 따라서 꽤 개연성 있는 초기 스토리를 다듬는 데 유용하게 활용할 수 있는 좋은 도구이다.

이런 질문 이외에도 챗GPT를 활용해서 그동안 모은 사진을 일괄적으로 크기를 맞추어 압축하는 작업도 진행할 수 있고, 이미지 파일의 형식을 일괄적으로 변경하는 작업도 가능하다. 따라서 웹툰 자료로 모았던 다양한 이미지들을 통일해서 정리하는 데 챗GPT를 활용할 수도 있다.

자신의 그림임을 표기하는 워터마크 삽입 역시 챗GPT에 프롬프트(챗GPT에 명령을 내리는 행위) 입력을 해서 한번에 진행할 수 있다. 이렇게 이미지를 일괄적으로 보완하고 조정하는 일은 이전에는 별도의 프로그램이나 파이썬 등을 활용한 코딩 프로그램으로 가능했으나, 이제는 챗GPT를 이용해 누구나 할 수 있다.

챗GPT의 짝꿍, 달리2 그리고 노벨 AI

달리2(DALL-E 2), 또는 노벨 AI(Novel AI)는 챗GPT와 함께 세상에 나온 AI 이미지 생성 툴이다. 문장으로 그림을 설명하면 그에 맞는 그림을 그려서 보여주는 프로그램인데, 그림의 난이도에 따라 출력되는 시간은 차이가 있지만 보통 1분 내외에 완성된 그림을 얻을 수 있다. 이 외에도 미드저니(Midjourney), 스테이블 디퓨전(Stable Diffusion) 등 다양한 소프트웨어를 통해 이미지를 만들 수 있다. 그러나 이 책에서는 가장 대표적인 AI 명령어로 이미지를 생산하는 달리2와 노벨 AI만 설명하겠다.

달리2는 챗GPT를 개발한 Open AI에서 출시한 이미지 인공지능 생성 소프트웨어이다. 현재까지는 영어로 텍스트를 입력해야 하는 어려움이 있지만 다양한 번역 프로그램들을 활용해서 충분히 사용할 수 있다.

완전히 무료로 사용할 수 있는 것은 아니고, 가입을 하면 50개의 무료 크레디트를 받는다(2023년 5월 기준). 이미지 1회 생성 시 1개의 크레디트를 사용한다. 매달 15개의 크레디트가 추가되기는 하지만, 프로그램만으로 모든 그림 작업을 충당하기는 어렵고, 아이디어를 얻는 도구로 활용하는 것은 추천할 만하다. 만약 추가 크레디트가 필요할 경우 115크레디트를 15달러에 구매할 수 있다.

다만 인물의 초상권을 침해하는 그림, 기존의 캐릭터를 사용한 이미지 구성은 제한된다. 이미지를 만드는 것은 허용되기 때문에 얼굴에 손상을 입은 환자의 수술 후 모습을 재건해 보는 식으로 인물 사진을 사용할 수는 있다. 그럼에도 유명인으로 제작한 이미지는 생성 후 업로드에 한계가 있다. 그 외에는 달리2로 만든 이미지의 경우 상업적으로 활용할 수 있다는 점이 큰 장점이다. 그래서 웹소설 작가들의 경우 달리2를 사용해서 본인의 작품 표지를 그리는 데 활용하기도 한다.

아래 이미지는 웹소설을 제작하면서 '중세시대, 신비로운 여자, 시간을 넘나드는 마법의 힘, 수채화가 번진 듯한 느낌' 등을 키워드로 넣어 달리2에 의뢰한 이미지이다.

달리2가 그린 다양한 캐릭터 이미지

　이미지가 만들어진 후 특정 이미지를 골라 달리2에 수정을 요청할 수도 있고 업로드한 이미지를 기준으로 다른 이미지를 추가로 만들 수도 있다.

　달리2가 수채화, 유화, 일러스트 등 장르를 가리지 않고 자유롭게 이미지를 생성한다면, 노벨 AI는 캐릭터와 일러스트에 특화된 이미지 생성 툴이다. 애니메이션 그림체 이미지를 생성하는 데 특화되어 있다. 달리2보다는 약간 더 디테일한 이미지를 생성할 수 있지만 월별로 비용이 청구된다는 점이 다르다.

　이들 소프트웨어를 다루는 데 가장 중요한 요소는 다름 아닌 프롬프트이다. 앞에서 챗GPT를 설명하면서 한 번 언급했지만, 프롬프트는 이들 소프트웨어가 일할 수 있도록 하는 명령어를 의미한다. 이 명령어에 따라 완전히 다른 느낌의 이미지가 도출된다.

　다음 이미지를 한번 보자. 달리2에 보라색 토끼를 그려달라는 명령어를 제시했다. 그 명령으로 도출한 토끼 그림은 아래와 같다.

❶ 보라색 토끼를 그려줘.

　위 결과물과 약간 다른 형태의 이미지를 얻기 위해 그림체 스타일 수식어를 프롬프트로 붙여보았다. 보라색 토끼를 그려달라는 기존의 명령어는 그대로 두고, 그 뒤에 볼펜 그림체로 그려달라는 수식어를 한 번 더 붙여넣자 이런 이미지가 도출되었다.

❷ 볼펜 느낌으로 보라색 토끼를 그려줘.

　이번에는 위 그림 조건에 화가의 이름을 더해서 아티스트 수식어를 붙여보았다. 아티스트 수식어는 우리가 잘 알고 있는 화가의 화풍처럼 그려달라는 명령어이다. 화가의 인지도가 낮거나 데이터가 부족할 경우에는 원하는 이미지를 얻지 못할 수도 있기 때문에 장르적으로 상징성이 뛰어난 화가의 이름을 넣어보겠다. 이 그림에서는 먼저 뱅크시(Banksy)처럼 그려달라는 명령어를 넣었다.

❸ 뱅크시 스타일로 보라색 토끼를 그려줘.

거리에 그라피티를 그리는 뱅크시의 느낌을 더하려는 듯 이미지 자체가 반항적으로 도출된 점을 볼 수 있다. 같은 그림이 다른 화가의 프롬프트를 넣었을 때 어떻게 나오는지 한번 비교해 보기 위해 이번에는 구스타프 클림트 (Gustav Klimt)처럼 그려달라고 명령어를 입력했다.

❹ 구스타프 클림트 스타일로 보라색 토끼를 그려줘.

구스타프 클림트는 이미지 뒤에 각종 추상적인 선과 도형을 넣는 작가이다. 그림을 보면 그 작가의 특징을 최대한 살려 이미지를 제작했음을 볼 수 있다. 그런데 이렇게 이미지를 작성하고 나니 아무래도 볼펜체가 어울리지 않는 것 같다는 판단이 들 수 있다. 그럴 때는 가운데 명령어를 변경해서 또 다른 이미지를 생성해 볼 수 있다.

그림 중에서 구스타프 클림트 느낌이 마음에 들면 보라색으로 말한 지정어를 벗어나 다른 이미지를 생성해 볼 수 있다. 내가 원하는 그림을 만들기 위해 명령어를 다양하게 조합해서 시도해 보는 것이다. 마지막 그림은 지금까지 나온 도출값을 기본으로 보라색은 빼고, 유화 기법을 사용해서 구스타프 클림트 풍으로 토끼를 그려달라고 한 것이다.

처음에 그린 토끼에서 많이 발전한 모습을 볼 수 있다.

❺ 구스타프 클림트 스타일의 유화 토끼를 그려줘.

Draw a rabbit, Make it look fancy like an oil painting, Draw it like Gustav Kilmt　　　　Generate

　　그림을 그리기 위해 쓸 수 있는 프롬프트는 무척 다양하지만 아래 몇 가지만 알아도 자신이 원하는 형식의 그림을 좀 더 쉽게 도출할 수 있다.

그림을 그리기 위해 쓸 수 있는 프롬프트

- High resolution: 실사 스타일
- Gorgeous digital painting/Digital illustration: 디지털 기기로 그린 느낌
- Realistic: 현실적인 그림체로 만들어 주는 그림체 스타일

- Oil painting: 유화 스타일을 나타내는 그림체 스타일
- Cottagecore: 전원적, 시골적인 느낌의 몽환적인 스타일
- Ghibli: 애니메이션 제작사 지브리 스타일을 나타내는 그림체 스타일
- Fantasy vivid colors: 환상적이고 선명한 색상을 나타내 주는 그림체 스타일

웹툰 관련
직업 살펴보기

웹툰 PD

최근 웹소설을 기반으로 웹툰이 만들어지기도 하고 반대로 웹툰을 기반으로 웹소설이 제작되기도 하면서, 이 작품들 사이의 가교이자 전반적인 진행을 맡아서 하는 웹툰 PD나 웹소설 PD도 많아졌다. 처음 웹툰이 시작되었을 때는 작가들과 작품의 방향성을 논의하고 연재 일정 조율, 작품의 첫 번째 독자로서의 피드백 등이 주된 업무였다면, 지금은 웹툰 자체를 IP로 보고 사업화하는 방향까지 고려하는 직업군이다.

웹툰 PD는 기존의 콘텐츠를 검토하고, 웹툰으로 풀면 좋을 것 같은 아이템을 선별한 다음, 스쿼드를 구성한다. 스쿼드는 작품을 가장 잘 구현할 수 있는 팀을 꾸리는 작업을 말한다. 웹툰 작가 한 사람이 참여할 수도 있고, 팀으로 구성되어 그림, 글, 채색 등을 나눠서 할 수도 있다. 따라서 웹툰 PD는 이 모든 과정을 정해진 콘셉트 안에서 수행할 수 있도록 조율하는 역할을 한다. 때로는 작가가 좋은 작품을 만들 수 있도록 미처 찾지 못한 자료를 찾아주거나 의견을 전해주어야 하기 때문에 작가만큼이나 그 작품의 세계관, 소재에 대해 관심을 가지고 공부해야 한다.

이후 작가의 작품이 기획 방향에 맞는지, 수위 조절은 괜찮은지, 연재 후 독자 반응이 어떤지를 중간중간 검토하며 작업 과정 전체를 조율한다.

대부분 자기가 잘하는 장르가 있어서 PD들도 모든 작품을 맡는 것이 아니라 장르별로 특화된 경우가 많다. 웹툰 PD 중에서는 작품을 제작, 진행했던 경험을 쌓아 한 회사의 대표가 된 경우도 있다.

웹툰 기반 콘텐츠 작가

앞에서 언급한 웹툰 기반의 콘텐츠를 다양한 매체로 풀어내는 작가도 웹툰 관련 직업 중 하나이다. 웹툰을 소설로 쓰거나 영화, 드라마 등으로 2차 저작을 할 때는 웹툰 작가가 아닌 다른 전문 작가가 작업을 한다.

이 경우 해당 매체를 잘 이해하고 있어야 하지만, 웹툰이 가진 고유의 특성을 잘 알아야 독자가 웹툰에서 느꼈던 재미와 감동을 똑같이 느낄 수 있다. 웹툰 작가가 길게 할애해서 그린 그 장면이 왜 필요한지, 이 대사의 의미가 작품에서 갖는 무게가 어떤 것인지, 100화가 넘는 웹툰의 호흡을 12부 혹은 24부의 영상으로 구현할 때 어떻게 끊어야 하는지, 웹툰의 플롯이 다른 매체에서는 어떤 식으로 바뀌어야 하는지를 고려해서 콘텐츠를 구성해야 한다.

이모티콘 작가

이모티콘은 웹툰만큼, 아니 어쩌면 그 이상 큰 시장이다. SNS는 물론 카카오톡, 라인 등 대화를 주고받는 매체에서 필수적으로 활용하고 있기 때문이다.

카카오에서 만든 이모티콘 중 92개의 이모티콘이 각각 10억 이상의 매출(2022년 기준)을 기록했다고 하니 이모티콘 하나가 거의 기업 수준이라고 할 만하다. 이모티콘의 경우 한 장면의 그림에 희로애락과 스토리를 담아내야 하고 간단한 대사와 표정으로 하고 싶은 말을 전달해야 하므로 압축한 그림을 그리고 표현하는 데 익숙한 웹툰 작가와 영역이 비슷하다. 《유미의 세포들》《모죠의 일지》《사내 맞선》《토끼와 흑표범의 공생관계》《용왕님의 셰프가 되었습니다》 등의 웹툰에 나오는 캐릭터가 이모티콘으로 출시되기도 했다.

웹툰은 주인공, 조연 캐릭터가 뚜렷하므로 이들을 활용한 다양한 부가가치 사업의 확장이 쉽다.

NFT작가

NFT(Non-Fungible Token, 대체 불가능 토큰)는 디지털 자산의 소유주를 증명하는 가상 토큰으로, 현재 가장 뜨거운 콘텐츠 시장이기도 하다. 얼마 전 카카오페이지의 웹툰인 《빈껍데기 공작부인》은 작품 내 이미지가 아닌 별도로 제작한 NFT를 발행했다. 원화 이미지 그대로 발행하는 것이 아니라 컴퓨터로 랜덤 조합한 제너러티브 아트(generative art) 형태*로 발행했는데 희귀도에 따라 가치가 달라지고 웹툰에 나오는 주인공과 등장 요소를 조합해서 총 7,777개를 발행했다. 현재 최대 880클레이튼에 거래가 되고 있는데, NFT는 말 그대로 '나만 소유할 수 있는' 특징을 가지고 있어서, 작품을 좋아하는 팬의 입장에서는 IP를 색다르게 경험할 기회이기도 하다. 물론 가치가 올라서 좋은 가격에 되

● 제너러티브 아트(generative art)는 컴퓨터 알고리즘을 통해 자체적으로 생성되는 예술의 분야이다. NFT 발행 시 보통 캐릭터의 모양에 장식, 색깔, 배경 등을 제공하고 조합해서 만든다.

팔게 되면 금전적인 수익도 충분히 기대할 수 있다.

NFT 작품 중 가장 유명한 〈BAYC(Bored Ape Yacht Club)〉의 경우 최근까지도 작품당 5~6억 원, 희소성에 따라 최대 30~40억 원에 육박하는 금액으로 거래될 정도로 높은 가치를 지니고 있다. 국내에서도 킹비트, 낙타, 레지나 킴 등 자신의 그림으로 NFT를 발행하는 아티스트가 활발하게 활동하고 있다. 웹툰 중에서도 《닥터 프로스트》 《나 혼자만 레벨업》 등의 작품을 NFT로 발행했다.

애셋 작가

웹툰 시장이 넓어지면서 배경이나 효과에 대한 수요가 대폭 늘어났다. 애셋은 이런 배경이나 효과를 미리 만들어 놓고 활용할 수 있도록 하는 것인데 이 애셋을 만드는 일도 웹툰과 관련된 유망 직업군 중 하나이다.

특히 3D모델링을 통해 정교한 배경을 만들거나 웹툰 작가들이 그리기 힘든 판타지 세계를 구축한 배경들은 높은 가격으로 팔리고, 이 외에도 고증이 정확하게 된 시대별, 지역별 의상, 나라별 랜드마크 건물, 아포칼립스 세계 등 시간과 노력이 많이 들어가는 애셋일수록 수요가 높다.

보통 일반 애니메이션이나 3D 작업을 했던 사람들이 많이 하지만 애니메이션을 그리면서 동시에 자기 작품에 적용하기 위해 그렸던 애셋을 판매하는 경우도 있다. 프로그램으로 만든 배경이기 때문에 쓰는 사람이 재배치, 삭제, 추가하는 작업이 가능하고 조합 또한 가능해서 필요한 기본 자료로 많이 활용된다.

더불어 다양한 효과를 내는 브러시와 컬러 팔레트 역시 부가적으로 판매할 수 있는 요소이다. 작가별로 그림체에 필요한 브러시가 다 다르기 때문에 기존 브러시를 커스터마이징해서 쓰거나 구입해서 작업하므로 수요가 있는 편이다.

웹툰 작가를 넘어 드로잉 크리에이터로

　글 이전에 그림이 있었다. 선사시대 사람들은 동굴에 벽
화를 그리면서 사냥에 성공하기를 바라는 마음을 담기도
하고 자기 주변에 있는 것을 묘사해서 표현하기도 했다. 문
명이 발전하고 문화가 만들어지면서 문자가 생겼고, 표현
과 전달의 도구도 늘었지만, 사람들은 오랜 시간 동안 그림
을 놓은 적은 없었다. 그림은 때로 세상을 정밀하게 묘사하
는 도구였고 가끔은 신랄하게 비판하는 매체가 되기도 했
다. 아름다움을 담는 것도, 차마 말로 못 할 감정을 표현하
는 것도 그림이라는 매체가 할 수 있는 부분이었다. 눈에
보이지 않는 감정이나 마음을 색과 형태의 조화로 그려내
상대에게 전달하고 공감을 끌어내는 것은 다른 장르가 할

수 없는 그림만이 할 수 있는 고유 영역이다.

그래서 시대가 변해도 그림이라는 장르가 없어지지 않는 것일지도 모른다. 표현의 욕구가 인류에게 본능으로 남아 있는 한, 이를 기반으로 한 직업과 작업은 계속해서 이어질 것이다. 여기에서 '그림 그리는 사람들'이라는 영역이 유지될 수 있다는 확신을 가질 수 있다. 물론 로봇이 그린 그림, AI가 그린 그림들도 존재하지만 이들 그림은 데이터에 의한 조합이지 창의와 직관의 영역이 아니다. 결국 아무리 기술이 발전한다고 하더라도 창작의 고유 영역은 오직 작가들만이 영위할 수 있다.

그림을 그리는 사람이 화가라는 직업에서 만화가, 웹툰 작가, 일러스트레이터 등으로 분화되어 다양화되었다면, 이제는 다시 이 모든 '그림 그리는 사람'이 '드로잉 크리에이터'라는 영역 안에서 각자의 분야를 넘나드는 시대가 되었다.

정통 회화를 그리던 작가가 웹툰 작가로 데뷔할 수 있고, 애니메이션의 3D 모델링을 하던 사람이 어느 날 NFT 작가가 될 수도 있으며, 캐리커처를 그리던 거리의 화가가 SNS 컷툰 작가가 될 수 있다. 그림이라는 재능이 다양한 직업의 경계를 넘나들 수 있는 열쇠가 된다는 점은 이 분야에 발을 들이고자 하는 사람들에게 '다양한 기회'가 주어진다는 말과 같다.

이처럼 그림으로 할 수 있는 일은 무궁무진하다. 특히 웹툰은 단순히 그림만 잘 그려서 되는 장르가 아니기 때문에, 더 많은 분야로 뻗어나갈 가능성을 가지고 있다. 그림체는 기본기만 갖추어져 있다면 작가의 개성으로 충분히 이해될 수 있는 영역이다. 중요한 것은 그 안에 담긴 작가의 주제와 창의성이다. 말로 하는 언어, 문자 언어와 함께 중요한 언어 소통 방식 중 하나인 이미지 언어를 기반으로 한 창작물이라는 점에서, 어쩌면 이미지 구현에 특화된 지금 이 시대이기에 가장 뜨겁게 탄생한 분야가 아닐까.

시작은 웹툰 작가지만 이를 기반으로 캐릭터 비즈니스를 할 수도 있고 정통 회화 영역으로 넘어갈 수도 있다. 앞에서 말한 것처럼 NFT 발행을 하거나 다른 매체에 활용되는 그림을 그릴 수도 있다. 혹은 원천 콘텐츠 제작을 넘어 멀티 콘텐츠 제작자로 거듭날 수도 있다.

중요한 것은 웹툰 작가가 멀티 창작자라는 점이다. 웹툰 작가가 세상을 보는 시선은 다양하다. 본질을 꿰뚫어 보고 차마 하지 못한 이야기를 작품을 통해 고발할 수도 있고 소외된 사람들을 표면으로 드러내 모두에게 알릴 수도 있다. 상상 속의 세계를 제안하는 것, 현실을 비트는 것도 웹툰 안에서는 모두 가능하다. 스토리와 더불어 눈에 보이는 이미지를 통해 웹툰 작가는 이미 만화의 영역 이상을 담당하는 드로잉 크리에이터로 자리매김해 가고 있다.

이제 우리 일상에서 웹툰이 없는 상황은 상상하기 어렵다. 웹툰을 챙겨 보지 않는 사람들조차 웹툰 작가, 그 작가가 그린 작품의 일부, 작품이 기반이 된 2차 콘텐츠 저작물을 계속 소비하고 만나고 누린다.

그림 그리는 작가에서 종합 드로잉 크리에이터로 발전한다는 의미는 그 '드로잉'을 통해 세상을 다양한 그릇으로 담아내는 작업까지를 포함한다. 그것은 매체에 따라 웹툰일 수도 있고, 만평 그림일 수도 있으며, 한 컷 만화나 정교한 회화나 크로키일 수도 있다. 중요한 것은 작가의 창의성이 스토리와 이미지를 입고 세상에 태어날 수 있도록 한다는 사실이다.

독자가 그 세상에서 맘껏 새롭고 다양한 것을 볼 수 있도록 새로운 세상을 펼쳐주는 것, 그것이 미래의 웹툰 작가가 할 수 있는 일이자 꼭 해야 할 일이다.